Mara Thelling

Vergiss alles, was du über Meditation weißt

spirit RAINBOW Verlag

EIN GUIDE ZUR MEDITATION

vergiss alles, was du über *meditation* weißt

Lass dich fallen und erschaffe dich neu!

Mara Thelling

spirit RAINBOW Verlag

Impressum

1. Auflage 2019

www.spirit-rainbow-verlag.de

Printed in Germany

Gestaltung, Druck und Vertrieb:
Druck- & Verlagshaus Mainz
Süsterfeldstraße 83
52072 Aachen

www.verlag-mainz.de

ISBN-10: 3-948108-04-8
ISBN-13: 978-3-948108-04-5

Inhalt

”

Wir sind unabhängig von Raum und Zeit, auf einem immerwährenden Weg der Entwicklung zu uns selbst.

Mara Thelling

“

”

Wenn dein Geist sich öffnet, um alles zu verstehen und alles zu erfahren, dann wirst du wirklich frei sein und die Welt mit anderen Augen sehen.

Mara Thelling

“

Kapitel 1
Öffne deinen Geist

Meditiere so, wie es dir gut tut

In diesem ersten Kapitel wollen wir vor allem grundlegende Dinge zum Thema Meditation besprechen.

Wichtig ist jedoch: das sind keine Regeln, die du unbedingt einhalten musst, denn du solltest wissen, dass die Meditation in ihrer Praxis völlig frei ist.

> Da die Meditation selbst frei ist, möchte sie auch dich zu mehr Freiheit in deinem Leben ermuntern und motivieren.

Wenn ich also von Hinweisen spreche oder von Grundlagen, dann ist es nicht so, dass du alles genau so nachmachen musst, wie ich es vorschlage.

Du darfst und sollst immer, auch bei der Meditation, deinen eigenen Weg gehen! Es gibt übrigens immer nur deinen eigenen Weg.

Strikte Regeln, nach denen etwas genau so oder so zu sein hat, sind deshalb völlig falsch.

Lass uns noch einmal wiederholen: die Meditation ist frei!

Ursprünglich war sie das auch. Doch wenn du dich heute in der Meditationswelt umschaust, dann wirst du feststellen, dass die Meditation vor allem durch das Ego der Menschen in Regeln verpackt und vermarktet wurde.

> Doch heute im Hier und Jetzt, im neuen Zeitalter der Liebe und der Hingabe rufe ich die Freiheit der Meditation aus.

Sie ist so frei und sie möchte, dass du ein glückliches Leben, hier auf Terra Magica, der fantastischen Erde führst. Und sie möchte auch, dass du die Schätze, die sich um dich herum auf der Erde befinden, wieder bewusst wahrzunehmen und zu schützen lernst.

Das ist ihre eigentliche Aufgabe!

Die Meditation will dich also aufwecken und dich zu einem selbstbestimmten freien Leben ermutigen, ohne Kontrolle und sinnlose Regeln, sondern in Freiheit, in der Urfreiheit des kosmischen Seins, das sich hier auf der Erde im weltlichen Sein manifestiert hat.

Sie will dich zu einem Leben in Freiheit auffordern!

Und noch etwas möchte sie: dass du dich wieder selbst zu lieben beginnst und wieder lernst die Grenzen zu erkennen und zu hinterfragen, die andere dir auferlegen.

Verstehe mich nicht falsch! Regeln sind oft sinnvoll und gut, zum Beispiel im Straßenverkehr oder Ähnlichem, aber unsere Gesellschaft hat mittlerweile so viele Regeln aufgestellt, dass man manchmal vor lauter Regeln gar nicht mehr weiß, wie es weitergehen soll.

Was Regeln auch ganz oft auslösen ist Angst. Du hast Angst, etwas nicht richtig zu machen und dann versuchst du es nicht einmal. Du hast Angst nicht hineinzupassen, nicht dazuzugehören und so weiter.

> Jetzt sage ich dir, dass du keine Angst haben musst, beim Thema Meditation etwas falsch zu machen. Alles ist gut, wenn es dir gut tut!

Achte am besten auf dich selbst, wenn du Dinge ausprobierst, wenn du in der Meditation zur Ruhe kommst. Wie fühlst du dich? Was geht in deinem Inneren vor? Was darf in dir geschehen. Lass alles zu und zu dir kommen, deine Gedanken und Gefühle.

Mit der Zeit wirst du lernen, diese Gedanken und Gefühle zu kontrollieren und sie in deinen ganz persönlichen Dienst zu stellen, also so, dass sie dir gut tun.

Ich betone das hier ganz besonders, da viele alte Meditationsrichtungen und deren Gurus oft strenge Regeln für eine Meditationspraxis aufstellen. Sie sagen, dein Kopf soll frei sein von Gedanken, dein Körper soll frei sein von Gefühlen, du sollst so oder so sitzen, die Hände halten usw.

Ja, warum eigentlich?

Kannst du nicht auch zur Ruhe kommen, wenn du dir genau dieser Gedanken und Gefühle bewusst wirst, wenn du sie genau und bewusst wahrzunehmen lernst? Sie bearbeitest und sie dann für immer gehen lässt.

Also mach dir keine Sorgen, wenn du zu Beginn deiner Meditationspraxis feststellst, dass gerade dein Kopf und deine Gedanken ganz laut werden, wenn du äußerlich und mit deinem Körper in eine Art Ruhezustand gehst.

Wie gesagt, das ist nicht schlimm, denn du darfst – als Meditationsanfänger – ganz von vorn beginnen und du darfst in deinem ganz eigenen Tempo vorgehen!

Die Meditation in der 5. Dimension

Diese Meditationsform, die ich heute hier in diesem Buch beschreibe, ist an all jene gerichtet, die sich aufmachen wollen, um vom Alltag abzuschalten und innerlich Ruhe finden möchten, die Erlebnisse aus der Vergangenheit verarbeiten müssen und die auf einer neuen und höherschwingenden Art der Vibration »schwimmen«.

Was meine ich mit Vibration genau?

Die Schwingung der Erde verändert sich aktuell sehr stark, die Schwingung erhöht sich.

Energiefelder verändern sich und alte Gesetzmäßigkeiten werden aufgehoben. Wir sind auf dem Weg in die 5. Dimension!

Und da du auf der Erde lebst, verändert sich deine Schwingung (dein Energiefeld) gleich mit. Ich brauche hier sicher nicht zu betonen, dass du aus schwingenden Teilchen bestehst.

So kann es sein, dass du die Theorien aus der Vergangenheit über Chakren, über Meditation, Sound-Healing usw. zwar noch anwenden kannst, aber ihre Wirkung wird nun eine andere sein.

Die Chakren verschieben sich! Deine Schwingung verändert sich.

Für viele Menschen, die noch in einer geringen Dimension (und auch Schwingung) – aufgrund ihrer persönlichen Gegebenheiten – unterwegs sind, mögen viele Dinge noch funktionieren. Aber wenn du zum Beispiel ein »erwachter« Mensch oder auf deinem eigenen spirituellen Weg schon weit fortgeschritten bist, du das Tor zur 4. oder 5. Dimension bereits durchschritten hast, dann benötigst du jetzt neue Tools für deine innere, spirituelle Arbeit.

Eine neue Form der Meditation gehört da einfach mit dazu.

Sie ist jetzt mit dir in einer neuen Dimension (Bewusstseinsebene), der fünften Dimension, angekommen und du darfst von ihr jetzt neue und fortschrittliche Dinge erwarten. Dinge, die bisher unvorstellbar waren und die dein Geist bisher als unmöglich abgetan hätte, werden nun zu deiner wahren Realität.

Wenn du mit der 5. Dimension noch nichts anfangen kannst, dann lass dir gesagt sein, dass du als menschliches Wesen schon immer mehrdimensional warst. Du hättest dich also schon immer mit anderen Dimensionen verbinden können bzw. sich in ihnen aufhalten können. Doch du hast es bisher nicht getan. Du konntest es nicht, weil dein Geist sich bewusst davor verschlossen hatte! Doch nun, mit der Erhöhung deiner Schwingung, wird es auch möglich sein, dein Bewusstsein so zu verändern, dass es für dich ganz normal sein wird, über Gedanken zu kommunizieren oder über weite Strecken hinweg, und das ganz ohne Telefon oder Internet. Dein Geist wird sich aus der ehemaligen Versklavung befreien und deine Welt wird eine völlig andere sein.

In der 5-Dimension zu sein, heißt wahrhaft mit allem verschmolzen zu sein. Es gibt keine Getrenntheit mehr und auch keine Zeit und keinen Raum. Alles wird zu einem einzigen Gebilde. Raum und Zeit hören auf zu existieren (in der Form, wie wir sie heute kennen und verstehen) und auch du wirst in der Lage sein, diese zu überwinden. Zukunft wird nicht mehr länger Zukunft sein und Vergangenheit nicht länger Vergangenheit.

> Dinge werden mit deinem Geist möglich sein, die du dir selbst niemals zugetraut hättest und die du heute außerhalb der normalen Realität bezeichnen würdest.

Viele Menschen haben die Meditation leider in der menschlichen Gesellschaft zu dem gemacht, was sie heute ist, nämlich eine versklavte, kommerzialisierte Komponente, die dem Späthippie und dem gestressten Manager wieder Ruhe in sein Leben bringen soll.

Doch die neue Form von Meditation kann noch viel mehr, indem man sie in ihrer ureigenen Freiheit lässt und wenn man zulässt, dass Dinge einfach geschehen können, ohne sie dauerhaft zu kontrollieren. Wenn man zulässt, dass sie einem großes energetisches Wachstum bringen darf.

Das klingt phantastisch, nicht wahr?

Und so wollen wir uns aufmachen, um zu ergründen, was die Meditation im neuen Zeitalter der Liebe und Hingabe für dich bewirken kann.

Doch vorerst wollen wir uns, bevor wir an ganz praktische Übungen gehen, weitere grundlegende Details verdeutlichen. Wir wollen uns mit der folgenden Frage auseinandersetzen: Wie sieht es aktuell mit deiner eigenen Meditationspraxis aus?

Egal, ob du heute im Hier und Jetzt ganz neu startest oder ob du bereits ein »alter Hase« bist, dieses Buch wird dir neue Ansätze für deine Meditationspraxis geben.

Lass uns vorab zusammenfassen, worüber wir in diesem ersten Kapitel sprechen wollen: Grundlagen der Meditation, Bedürfnisse und Rhythmen erkennen, Herausforderungen, mögliche Ergebnisse, Zeitliche Komponenten, Rahmenbedingungen, Freiheit und Vollständigkeit, loslassen und neu beginnen, dein Geist wird es dir danken, Innerer Frieden.

a) Die Grundlagen einer neuen Meditation

So wie bei allen Themen gibt es auch bei der Meditation die so genannten Basics, die du kennenlernen solltest.

> Meditation wird dich verändern!

Meditation ist nichts für Angsthasen, denn niemand außer deinem innersten ICH weiß, was tief in dir drinnen auf dich wartet. Und so ist es notwendig, dass du ein paar Vorkehrungen triffst. Wie gesagt, das sind keine Regeln im herkömmlichen Sinne, die dich einschränken und behindern wollen. Nein, es sind eher liebevoll gemeinte Hinweise, die dir helfen wollen, aus deiner Meditationspraxis das allerbeste für dich herauszuholen.

Denn Meditation ist nicht gleich Meditation und leider ist Meditation auch nicht immer so harmlos, wie sie von irgendwelchen Gurus dargestellt wird.

> Meditation benötigt Zeit und du solltest dir diese Zeit für dich selbst nehmen!

Denn nur, wenn du dir selbst genügend Raum und Zeit für dein inneres Wachstum gibst, wird dich Meditation wirklich glücklich machen und dir helfen, dich zu dem Menschen zu entwickeln, der du schon immer warst, der du aber in diesem Leben noch nicht bist.

Bitte habe keine Angst in die Meditation zu gehen und beachte einfach ein paar wenige Punkte, damit es dir währenddessen wirklich gut gehen kann.

A - Beginne bei dir selbst

Achte darauf, dass du zunächst mit einer Meditationspraxis beginnst, die sich ausschließlich mit dir selbst beschäftigt.

Ich sage das deshalb so deutlich, weil irrtümlich davon ausgegangen wird, dass man am schnellsten in die Meditation mittels Geführter Meditationen und Seelenreisen einsteigen kann.

Doch genau das ist ein Trugschluss!

Die Verwendung von Geführten Meditation, wie ich sie hier einmal nennen möchte, setzt vom Meditierenden ein gewisses Maß an Vorbildung (im Sinne der Meditation) voraus.

Gerade die Geführten Meditationen können großen Schaden anrichten, wenn du sie dir ohne Vorbereitung anhörst, denn sie wirken bereits durch ihren Sprecher (Kanal) beim ersten Anhören.

Bitte beschäftige dich in jedem Fall zunächst mit der Person, die diese Meditation geschrieben und gesprochen hat, bevor du dir irgendetwas anhörst. Ist sie für dich authentisch, ist ihr persönlicher Weg nachvollziehbar? Fühlst du eine gewisse Übereinstimmung mit ihr?

Schon an diesen Fragen wirst du merken, dass du dir als ungeübter Meditationsschüler noch sehr viel Wissen aneignen musst, um jene Fragen überhaupt beantworten zu können.

Am Wichtigsten ist deshalb, dass du zunächst mit ganz einfachen Meditationsübungen mit dir selbst beginnst. Du brauchst keinen anderen Lehrer als dich selbst und deine Innere Stimme.

Wenn du diese Innere Stimme erst einmal kultiviert und wiedergefunden hast, dann wirst du auch in der Lage sein, die für dich geeigneten Geführten Meditationen auszusuchen.

Doch bis dahin ist es noch ein langer Weg.

Beachte immer, dass insbesondere Geführte Meditationen gleichsam wie Hypnose in die Bewusstseinsverändernden Zustände eingeordnet werden können.

Doch bei der Hypnose durch eine andere Person ist man sich der Beeinflussung durchaus bewusst.

Beim Anhören von Geführten Meditationen hingegen denkt man, dass diese keine so große Wirkung haben können.

Doch weit gefehlt!

Die Geführten Meditationen stehen der Hypnose in nichts nach. Sicher wirst du dir genau überlegen, mit wem bzw. mit welchem Therapeuten du eine Hypnosesitzung durchführen würdest und so sollte es auch bei einer Geführten Meditation sein!

Bitte hier noch einmal meine eindringliche Warnung.

Beginne zunächst mit einer eigenen, ganz einfachen Meditationspraxis. Meditiere vielleicht jeden Morgen ca. 10 Minuten, um dann später auf das große Spektrum der Geführten Meditation (von anderen Meditationslehrern) zurückgreifen zu können.

B – Lass dir Zeit für dein persönliches Wachstum

Noch ein weiterer Punkt ist wichtig, wenn wir uns die Grundlagen der Meditation anschauen.

Zunächst muss einmal gesagt werden, dass alles, was ich dir hier mitteile, immer nur ein kleiner Teil sein kann.

> Niemals kann man das gesamte Spektrum der Meditation vollendet erkennen, bis man vollends erwacht ist und zur Erleuchtung des Geistes gefunden hat.

Doch da die meisten Menschen, die aktuell auf diesem Planeten leben, sich noch nicht einmal auf den Weg zum »Erwachten Sein« gemacht haben, wird es auch für jene nicht möglich sein, die Meditation vollständig zu ergründen.

Sie werden noch einen langen Weg zurücklegen müssen, um für sich selbst und für andere zu erkennen, dass der Weg der Meditation ein lebenslanger Weg der inneren Weiterentwicklung ist und dass man niemals alles wirklich erfassen kann.

Der menschliche Geist ist unergründlich. Bitte sei deshalb auch nicht traurig, wenn du dich nun auf deine persönliche Meditationsreise begibst und alles etwas länger dauert, als du es dir vorgestellt hast.

> Die Meditation benötigt einfach Zeit, um – in dir und um dich herum – zu wachsen.

Ich habe schon angedeutet, dass sich mit der Meditation auch dein Energiefeld verändert und mit diesem Energiefeld auch du selbst.

Doch wir wollen uns nun noch etwas anderes anschauen.

C – Lausche deiner Inneren Stimme

Was ist, wenn du schon einige Schritte in der eigenen Meditationspraxis zurückgelegt hast und dennoch nicht mit dir selbst zufrieden bist?

Ich kann dir nur immer wieder sagen, dass es wichtig ist, dass du in deinem eigenen Tempo vorangehst und deshalb halte ich auch nicht viel von Meditationskursen und schon gar nichts von Kursen, die dir weismachen wollen, dass du etwas genau so und so zu tun hast.

Das Wichtigste ist, dass du in die Stille gehst und beginnst, deiner Inneren Stimme zuzuhören.

Und noch etwas ist wichtig: lerne, in dich hineinzuhören und zu verstehen, warum du für den einen oder anderen Entwicklungsschritt etwas länger benötigst, als vielleicht ein anderer Meditierender, den du kennst. Lass dir Zeit bei allem, was du tust und beobachte deine Entwicklungen!

Lass dich niemals von anderen drängen und geh deinen eigenen Weg!

b) Bedürfnisse und Rhythmen, die wir an uns selbst und unser Leben stellen

Kommen wir nun zu einem weiteren wichtigen Thema zu Beginn unserer Meditationspraxis: den Bedürfnissen, die wir selbst an uns und unser Leben stellen.

Es ist gar nicht so einfach zu verstehen, was man selbst benötigt, wenn man verlernt hat, seinem inneren Wesen und seiner inneren Weisheit zu folgen.

Und das haben aktuell die meisten Menschen, hier auf der Erde.

Dazu kommt, dass viele Menschen zwar die Notwendigkeit verstehen, die eine Meditationspraxis mit sich bringt, aber schlussendlich können sie sich nicht vollends auf sie einlassen.

Sie wollen schnelle Ergebnisse, schnelle Ziele, schnelles Wachstum und dabei vergessen sie oft, das auch ihr Leben gewissen Rhythmen unterliegt, die sie selbst und auch sonst niemand für sie verändern kann.

Was meine ich damit nun genau?

Zu Beginn einer jeden Meditationspraxis sollten wir uns erst einmal klar machen, warum wir diesen Schritt gerade jetzt zu diesem Zeitpunkt in unserem Leben gehen wollen.

Dazu sollten wir uns darüber klar werden, welche Bedürfnisse wir hinsichtlich einer aktiven Meditationspraxis haben.

Möchte ich lieber allein üben oder suche ich mir eine unterstützende Gruppe. Möchte ich die ganze Freiheit der Meditation kennen lernen oder will ich mich in die »Fänge« und Lehren eines Gurus geben.

Gerade wenn ich dies tue, dann wird es sehr schwer werden, meinen Geist wirklich zu befreien, denn jedweder Meditationslehrer oder Guru wird dir jene Lehren beibringen, die er bei seinem Guru bzw. Meister gelernt hat.

Und damit wirst du nicht erfahren, welche Lehren und Weisheiten für dein eigenes Leben in dir selbst schlummern.

Ich hingegen plädiere für eine völlig freie Meditationspraxis, die dich und deinen Geist in keiner Weise einengen will, die dich sogar von allen herkömmlichen Regeln der Meditationsgurus befreien will.

> Denke immer daran, dein Geist ist frei und niemand hat dir zu sagen, wie du meditieren sollst oder schlimmer noch »musst«.

Dennoch solltest du dir gerade zu Beginn deiner Meditationspraxis einmal verdeutlichen, was schon alles unter dem Deckmantel der »Freiheit des Yogas und der Meditation« für Regeln aufgestellt worden sind und du solltest dich wirklich fragen, ob diese Regeln für dich wirklich Sinn machen oder ob sie nicht nur dazu dienen, deinen Geist weiterhin zu beschränken und Menschen zu kontrollieren.

Also noch einmal: überlege dir, was für dich wichtig ist. Mit wem möchtest du üben? Wie sind deine Bedürfnisse an einen Meditationsplatz, an einen Raum? Benötigst du Stille und Einsamkeit oder Menschen um dich herum?

Willst du dich selbst ergründen und deinen Geist mit Hilfe der Meditation selbst erkunden? Was sind deine wirklichen Beweggründe?

Willst du Stress abbauen, zur Ruhe kommen, gesundheitlichen Problemen auf den Grund gehen, wirklich frei sein?

> Bitte beachte noch einmal, dass dich jegliche Meditation verändern wird.

Willst du das wirklich? Willst du dich wirklich weiter entwickeln? Was willst du an deinem jetzigen Leben wirklich verändern? Willst du wirklich frei sein?

c) Die Herausforderungen deiner Meditationspraxis

Kommen wir zu den Herausforderungen, die auf deinem Weg zu dir selbst warten.

Jedwede Art des Lernens erfolgt immer in bestimmten Gesetzmäßigkeiten. So ist es auch beim Erlernen deiner eigenen Meditationspraxis.

Ich betone das deshalb hier so deutlich, da es sich wirklich um deine individuelle Meditationspraxis und deinen ganz eigenen Meditationsweg handelt.

> Du bist ein einzigartiges Wesen und dein Geist ist es von jeher.

So wird auch dein Weg in der Meditation ein ganz besonderer Weg sein, den niemand vor dir je gegangen ist.

Doch was können nun für Veränderungen auf dich zukommen, wenn du mit der Meditation beginnst?

1. Du wirst dich verändern. Du wirst Dinge bewusster und vor allem anders wahrnehmen. Dein Geist wird sich entwickeln und viel mehr Dinge und Gegebenheiten als früher hinterfragen.
2. Du wirst eine gewisse Zeit benötigen, um in deinen individuellen Meditationsrhythmus zu kommen und du wirst dich immer wieder darum bemühen müssen, diesen Rhythmus neu zu definieren, an neue Gegebenheiten anzupassen, feste Zeiten zum Meditieren einzuplanen.
3. Es wird dir nach anfänglichen Fortschritten manchmal vorkommen, als ob sich überhaupt nichts mehr bewegen würde und insbesondere diese Phasen der vermeintlichen Stagnation sind äußerst wichtig, da sie dich innerlich und unbewusst auf deinen Nächten Entwicklungsschritt vorbereiten.
4. Meditation kann auch einsam machen, wenn du nicht gleich Mitstreiter findest, mit denen du eine gewisse Übereinstimmung verspürst. Oft wirst du dich in Meditationsgruppen oder Kursen sehr unwohl und manchmal auch einsam fühlen, da sei deinen wirklichen Bedürfnissen nicht genügen.

Du darfst darüber nicht erstaunt sein, denn die gesamte Meditationswelt ändert sich gerade auf massive und manchmal auch auf destruktive Weise.

Die Erde, welche sehr lange in einem gewissen Schwingungsmuster verharrt hat, verändert ihre Schwingungen geradezu massiv. Wir Menschen sind nicht immer in der Lage ihr zu folgen, sind wir doch noch immer nicht wirklich in der Lage ihre Schwingungen zu verstehen und unsere eigenen Energien wirklich wahrzunehmen und zu fühlen.

> Dennoch müssen wir uns immer wieder klar machen, dass alles Energie ist und wir uns gerade aktuell in einer riesigen Transformationsphase befinden.

Viele Menschen werden die Veränderungen spüren, die mit dem Schwingungsaufstieg einhergehen. Aber noch zu viele Menschen werden in alte Muster zurückverfallen und jegliches Neues und Höheres Bewusstsein, welches gerade durch eine regelmäßige freie Meditationspraxis gefördert würde, weiter ablehnen.

Sie haben sich so daran gewöhnt jemandem zu folgen, einem Guru oder Lehrmeister, dass sie einfach immer noch nicht verstehen können und vielleicht auch nicht wollen, dass die Zeit der Gurus und der äußeren Führer vorbei geht.

Wir nähern uns einer Entwicklungsstufe unseres Geistes, wo wir wieder in innerer Freiheit leben werden, wo der menschliche Geist wieder frei sein darf und aus sich selbst schöpfen wird.

Dies wird sich auf alle Bereiche unseres Lebens auswirken, auf das Schulwesen, auf die Landwirtschaft, auf die Forschung und Entwicklung, auf die Gesellschaft schlechthin.

> Meditation wird in Zukunft einen Beitrag dazu leisten, unerschöpfliches inneres Wachstum zu ermöglichen, welches sich auch in unserem äußeren Leben zeigen wird.

Durch Meditation wird es möglich werden, wirklich friedvoll miteinander umzugehen und den anderen, der neben mir geht, wirklich zu achten und ihn als menschliches Wesen zu begreifen.

Es gibt so viele unvorstellbare Veränderungen und Herausforderungen, vor denen wir heute und in Zukunft stehen, dass wir manchmal Angst vor den vielen Umbrüchen haben.

Doch wir müssen keine Angst haben!

Wir sollten unseren Geist in Freiheit entwickeln lassen und unser wirkliches Glück finden. Meditation wird dafür zugleich Herausforderung wie Lösung sein

d) Mögliche Ergebnisse deiner Meditationspraxis

Einige Vorzüge der Meditation habe ich schon angedeutet, doch Meditation kann noch viel mehr. Sie will dich heilen und innerlich nähren. Sie will dir helfen, dein Leben als das wahrzunehmen was es ist, kostbar und einzigartig.

Meditation wird all das in dir hervorrufen, was schon seit vielen Jahren unentdeckt in dir schlummert und endlich umgesetzt werden möchte.

Meditation wird dich ruhiger machen und friedvoller, aber manchmal wird sie dich auch innerlich aufwühlen, denn sie will dich zu dem Menschen machen, der du wirklich bist.

> All die Dinge, die du auf diese Erde mitgebracht hast, warten in deinem inneren Wesen, deinem inneren Kern, wie ein Samenkorn darauf, erwachen zu dürfen.

Meditation ist das Glöckchen, was dich aufwachen lässt, was dir sagt, dass du genug geschlafen hast und dass es jetzt Zeit ist, endlich dein wahres Leben zu leben.

Sie wird dich aber nicht nur aufwecken, sie wird dir auch alle Ressourcen, Tools und Mittel an die Hand geben.

Meditation wird uns Menschen helfen, jedweden Hass zu überwinden und jedweden Krieg. Sie wird innerliche Freiheit fördern und grenzenloses inneres Wachstum. Sie wird die Erde fruchtbarer machen, weil sie uns ermahnt, sorgsam und bewusster mit ihr umzugehen.

> Meditation wird wirklichen Frieden bringen, hier auf der Erde.

Meditation ist genau das, was unser Planet jetzt benötigt! Und damit ist jedwede Form der Meditation gemeint, denn jede Form der Meditation (auch die Meditation unter der Leitung eines Gurus) ist besser und fördert das Bewusste SEIN, als ein unwissendes unbewusstes Ich, das seinem Ego verfallen ist.

> Wirklichen Frieden kann es nur geben, wenn es wirkliche Freiheit gibt.

Und die Meditation steht im Dienst der Freiheit eines jeden einzelnen, ohne die Gesamtheit zu vergessen.

Mit ihrer Hilfe wirst du zu dem Menschen werden, der du schon immer warst und du wirst in innerem Frieden und wirklichem Glück leben können.

Ist das nicht ein wunderbarer Ausblick?

Je mehr Menschen meditieren werden, desto mehr Menschen werden sich wieder mit der Ursprünglichkeit unseres Planeten verbinden und noch mehr Menschen werden aufwachen und verstehen, dass es so wie bisher nicht mehr weitergehen kann. Wir werden verstehen, dass wir neue Wege gehen müssen, die frei von jeglicher Unterdrückung sind und die ein wirkliches Wachstum ermöglichen.

Meditation ist dieser Weg!

Meditation ist diese Freiheit!

Meditation ist dieser Frieden, der auf uns wartet, wenn wir unser Ego überwinden, welches uns dahin geführt hat, wo wir heute als menschliche Wesen sind!

> Es braucht neue Wege und neuen Frieden, um diese Erde zu erhalten. Es braucht ein neues Bewusstsein und eine neue Form der Meditation.

Jetzt ist Zeit dafür!

e) Zeitliche Komponente

Jede Zeit, die du für deine Meditationspraxis erübrigen kannst, solltest du investieren, um deine persönliche Weiterentwicklung zu fördern.

Es gibt auch hier keine Regeln, wohl aber freundschaftlich gemeinte Ratschläge.

Gut wäre es, wenn du deinen eigenen Rhythmus findest und genau die Zeit investierst, die du gerade eben hast.

Wichtig dabei ist jedoch, dass du deine Meditationspraxis ernst nimmst und diese regelmäßig verfolgst.

Dies kann in deiner Mittagspause sein, bei einem Spaziergang durch den Park oder am frühen Morgen, wenn deine ganze Familie noch schläft.

Nimm dir zu Beginn nicht zu viel vor! Es ist besser täglich 10 Minuten in deine Meditationspraxis zu investieren, als einmal 60 Minuten und dann nie mehr wieder.

Regelmäßigkeit ist also das Wort, was hier absolut wichtig erscheint.

> Alles, was du regelmäßig machst, wird sich in deinem Leben ausbreiten und dein Leben verändern.

Wenn du regelmäßig den Arbeitsweg zu Fuß gehst, dann wird dein Fitnesszustand sich in jedem Fall verbessern. Wenn du regelmäßig Nachhilfe in Mathe nimmst, werden sich deine Mathezensuren wahrscheinlich sehr verbessern.

> Und so ist es auch mit der Meditation. Mache dir bewusst, dass du dir diese Zeit des äußerlichen Nichtstuns schenkst, das es dein Geschenk an dich ist. Du tust dir selbst gut und du kümmerst dich damit um deinen Körper und um deine Seele.

Nimm dir also ganz bewusst diese Zeit für dich selbst, verteidige sie gegen jede Art von zeitlicher Überlagerung und Verdrängung. Und verlange am Anfang nicht zu viel von dir. Setze dich einfach hin und fang an zu meditieren.

Mache dir nicht allzu viele Gedanken! Wenn du erst einmal auf deinem Weg losgegangen bist, dann wirst du auch all das finden, was du brauchst, um auf diesem Weg weiterzugehen.

Das wird einfach passieren, ganz ohne dein bewusstes Zutun, ganz ohne Kampf, ganz ohne irgendeine Art der äußeren Beeinflussung.

Lass Meditation einfach geschehen und diese dann in deinem Leben wirken!

f) Rahmenbedingungen

Von den Rahmenbedingungen hatte ich schon gesprochen. Es braucht nicht viel. Du brauchst keine speziellen

Meditationskleidung oder eine bestimmte Meditationsausrüstung.

Nutze einfach die Dinge, die du magst! Ziehe die Kleidung an, die dir gefällt und lass auch hier Freiheit walten.

Das Einzige, was du wirklich benötigst, ist dein Wunsch, etwas in deinem Leben mit Hilfe der Meditation zu verändern und zu verbessern.

Und noch etwas ist wichtig: Du benötigst in gewisser Weise Durchhaltevermögen und Ausdauer und eine Art des inneren Loslassens. Es muss dir klar sein, dass du Zeit für deine Entwicklung benötigst und dass du es allein schaffen kannst, dir diese Zeit für dich selbst zur Verfügung zu stellen.

Nur DU selbst bist nämlich in der Lage, deinen Terminkalender so umzuplanen, dass du dir Zeit für deine Meditationspraxis nehmen kannst. Nur du allein kannst dich motivieren.

> Meditation ist ein möglicher Weg, den du nehmen kannst. Doch du selbst entscheidest, wann, wo und wie oft du ihn nehmen möchtest.

Es braucht also keinen speziell eingerichteten Meditationsraum oder irgendwelche Kerzen oder Räucherstoffe, um zu meditieren.

Das ist alles sehr schön und es dient dazu, dir bewusst zu machen, wie wichtig du dir selbst bist. Aber dennoch, wenn du dies alles einmal nicht hast, wenn du auf Reisen bist und keine schönen Dinge, kein Räucherwerk, Kristalle oder Kerzen dabei hast, auch dann bist du in der Lage zu meditieren.

Du kannst meditieren, wenn du auf einem Zahnarztstuhl sitzt oder in einem langweiligen Zugabteil, in einem Wartezimmer deines Anwaltes oder wo auch immer.

Du wirst, wenn du die Meditation in DIR kultiviert hast, überall und zu jeder Zeit meditieren können.

Und darum geht es hier, in diesem Buch!

Wir wollen uns frei machen von jeglichen Rahmenbedingungen, die uns bisher nur immer eingeschränkt haben.

g) Freiheit und Vollkommenheit

Kommen wir noch einmal zum Thema Freiheit in der Meditation zurück.

Ich hatte schon angedeutet, dass die Meditation ursprünglich frei war und dass sie heute zu etwas gemacht wird, was sie eigentlich nicht ist.

So steht die Meditation auch im Widerspruch zu ihrer Vermarktung, obwohl gerade jetzt ein riesiger Boom und Vermarktungs-Hype um das Thema Meditation einsetzt.

Du brauchst keinen äußeren Guru und keine Meditations-App. Du brauchst nichts Äußerliches, was dir deinen inneren Weg zeigen will.

Diesen inneren Weg wirst du ganz einfach selbst finden, egal in welcher Kleidung und zu welcher Zeit du meditieren wirst, wenn du es nur regelmäßig tust.

> Der Grundsatz der Freiheit steht also unbedingt über deiner gesamten Meditationspraxis!

Und wenn du eben gern mit einem anderen Menschen zusammen meditieren willst oder du einen Meditationskurs besuchen willst, fällt auch das in das Thema Freiheit. Mache es, wenn du es möchtest und du dich gut dabei fühlst.

Pass einfach nur auf, dass dir keine sinnlosen Regeln aufgedrängt werden und denke immer daran, dass die Meditation heute die letzte Möglichkeit ist, deinen Geist zu befreien, egal was irgendwelche Gurus irgendwann einmal (vor langer Zeit) für Regeln aufgestellt haben.

> Jetzt ist eine neue Zeit!
> Jetzt beginnt ein neuer Weg!
> Und du bist ein neuer Mensch!

Lass also nicht zu, dass dir andere sagen, was für dich richtig ist und was sich für dich gut anfühlen sollte. Du weißt es eh am besten selbst!

Doch was ist mit dem Begriff der Vollkommenheit? Gibt es eine vollkommene Meditationspraxis? Ist es wirklich möglich, etwas zu vergessen, oder gilt es wirklich etwas zu berücksichtigen, was nicht vergessen werden darf? Gibt es wahre Perfektion in der Meditation?

Nein, die gibt es nicht! Es gibt keine Vollkommenheit in der Meditation. Du wirst immer auf dem Weg zu dir selbst sein (solange du lebst). Immer!

Auch, wenn du in deiner Meditationspraxis schon sehr weit vorangekommen bist, wird es dennoch immer etwas geben, was du noch lernen kannst, was auf deinem inneren Weg der Entfaltung noch auf dich wartet.

Es wird immer etwas geben, was dich interessieren wird und was dich auf deinem Weg voranbringen kann.

Einfach so.

Denn es braucht keine Vollkommenheit und keine festen Abläufe außer der Regelmäßigkeit.

Alles ist erlaubt, was dir und deiner Seele gut tut.

Hinzu kommt, dass Vollkommenheit immer eine Sache desjenigen ist, der sie betrachtet. Jeder Mensch ist anders und jeder Mensch empfindet diesen Begriff als etwas anderes. Was für den einen schon vollkommen ist, empfindet der andere geradezu als unvollkommen.

Wie schön, dass die Meditation frei ist und DU selbst entscheiden darfst, wie weit du auf deinem Meditationsweg gehen willst.

Ich nehme einmal an, dass du Meditation jetzt als etwas verstanden hast, was ab sofort zu deinem Leben gehören kann, so wie die Luft, die deine Lungen täglich füllt und dich atmen lässt.

Solange du lebst, wirst du diese Luft zum Atmen brauchen und so lange du lebst, wirst du auch die Meditation benötigen, um deinen Geist zu entwickeln und dein Herz und deine Seele zufriedenzustellen.

Meditation ist also nichts, was man einmal in der Woche in einem Meditationskurs macht.

> Meditation ist tätige Praxis eines gesunden freien Geistes, der jeden Tag aufs Neue gefördert werden will.

Die Meditation ist frei, so frei wie dein Geist. Du kannst sie für dich nutzen oder aber auch nicht. Das liegt ganz bei dir.

h) Loslassen und neu beginnen

Wenn du erst einmal auf deinem Meditationsweg angekommen bist, wird es notwendig sein, alte Dinge hinter dir zu lassen, damit wirklich neue Erfahrungen in dein Leben fließen können.

Loszulassen ist für viele von uns jedoch schwer und so ist es auch nicht einfach zum Beispiel alte Glaubenssätze über die Meditationspraxis loszulassen. Schließlich hat man selbst Jahre in eine Meditationsausbildung investiert und viel Geld für Seminare und Workshops ausgegeben.

Und nun komme ich daher und sage dir, dass das alles nicht notwendig gewesen ist, um erfolgreich zu meditieren und um ein erwachtes und bewusstes Leben zu führen.

Okay, da kann man schon einmal verbittert und traurig werden. Das verstehe ich.

Doch wenn du ehrlich mit dir selbst bist, dann wirst du verstehen, dass nur DU es bist, der sich auf seinen Meditationsweg begeben muss und dass niemand vor dir diesen Weg bereits gegangen ist.

> Du darfst ab sofort alle Regeln loslassen, die du gelernt hast. Du darfst ab sofort alles loslassen, was dich hindert wirklich der zu sein, der du sein möchtest.

Du darfst dich jetzt neu finden. Du darfst neu beginnen, um herauszufinden, wie einfach Meditation heute ist, wie einfach sie für dich sein kann.

Du brauchst dir selbst keinen Stress mehr zu machen, dass du noch nicht genug machst, dass du dich zum Beispiel nicht vegan ernährst, kein Yoga machst und all die Dinge, die heute fälschlicherweise immer mit Meditation verbunden werden.

> Doch, jeder kann meditieren!
> Es ist daran nichts Elitäres.
> Du darfst so frei sein wie du möchtest.
> Du darfst dir die Zeit geben, die du brauchst, um innerlich zu wachsen.

Es braucht in Zukunft eine offene und einfache und von Religionen unbesetzte Meditationskultur, so dass Meditation für jeden durchführbar ist, ob man nun an etwas glaubt oder nicht.

> Meditation funktioniert immer, auch wenn dir nicht bewusst ist, dass du ein schöpferisches, universelles Wesen bist.

Sie funktioniert auch dann, wenn du keinem Guru folgst und kein religiöser Mensch bist.

Meditation ist frei, für dich und für jeden, der sich auf den Weg zu sich selbst machen möchte, für jeden, der die Liebe wieder in sich spüren möchte.

Du brauchst dich in der Meditation auch nicht zu vergleichen! Du musst dich nicht besser fühlen, wenn du mehr als andere meditierst.

Du darfst meditieren so oft und so viel du willst, aber dadurch wirst du nicht besser als jemand anderes.

Niemand ist besser als ein anderer! Wir sind alles universelle kosmische Wesen und wir müssen verstehen, dass es kein »schneller«, »besser«, »höher« und »weiter« in der Meditation gibt. Nicht mehr!

Du bist auch nicht spiritueller als irgendjemand anderes, wenn du mehr und intensiver meditierst.

> »Jeder Mensch ist ein spirituelles Wesen, ein kosmisches Wesen, jeder.«

Auch, wenn manche Menschen ihre Spiritualität ablehnen, weil sie sie mit Religion verwechseln, weil sie gar nicht verstehen, dass es als menschliches Wesen gar nicht möglich ist, nicht spirituell zu sein.

Ich habe es schon einmal in meinem Buch »Spirit dein Leben« definiert, was ich unter Spiritualität verstehe. Es ist all das Geistige, was in uns ist, was uns umgibt, jeder schöpferische Gedanken, jede Art von Bewusstheit ist spirituell. Jede Art von Achtsamkeit und Selbstfürsorge oder Selbstliebe.

Alles ist spirituell, aber nicht alles ist religiös.

Lassen wir ein für alle Mal überholte Vorstellungen von Spiritualität und Meditation los, und öffnen wir unseren Geist für wirkliche Freiheit und für eine wirkliche Bewusstheit, um die Dinge so wahrzunehmen, wie sie wirklich sind.

Dann kann Spiritualität zu dem werden, was sie eigentlich wirklich will hier auf Erden, nämlich den Menschen zu innerem und äußeren Frieden zu verhelfen. Und die Meditation ist der praktische Weg dazu.

i) Dein Geist wird es dir danken

Zu Beginn deiner Meditationspraxis wirst du mit vielerlei Dingen konfrontiert werden, über die dein Geist erst einmal nachdenken muss.

So viele Jahre hat dein Geist in einer Abhängigkeit von Äußerlichkeiten und Befindlichkeiten gelebt, die meist andere Menschen dir mitgegeben haben.

Es ist neu für dich, dass eine Meditationspraxis in dir ungeahnte Gedanken wachrütteln wird. Sei also nicht erstaunt! Das ist sehr gut so.

Du wirst es dir selbst einmal danken und irgendwann wirst du dich einmal fragen, warum du nicht schon viel eher mit einer Meditationspraxis begonnen hast.

Doch lass dir Zeit für dein inneres Wachstum! Das kann wirklich nicht genug betont werden.

j) Innerer Frieden

Wir sind alle auf der Suche nach innerem Frieden und wir sind in der heutigen Zeit oft unruhig und getrieben von äußeren Einflüssen.

> Wirklichen Frieden findest du nur in dir.
> Und wirklicher innerer Frieden kann dich
> tatsächlich glücklich machen.

Ich weiß nicht, ob Meditation für dich geeignet ist und ob du heute schon bereit bist für diesen Weg.

Was ich aber ganz sicher weiß ist, dass es keinen inneren Frieden gibt, ohne dass du deine Gedanken im Zaun halten kannst, dass du wahrnimmst, was du denkst und was du mit diesem Denken (in welcher Form auch immer) in deinem Leben bewirkst.

Ja, du hast richtig gelesen. Du bewirkst es heute schon, denn du bist auch heute schon ein denkendes Wesen, dass seine Umwelt beeinflusst.

Doch heute lässt du dich noch viel zu oft aus der Ruhe bringen. Du lässt dich provozieren, du lässt dich kontrollieren. Du und dein Geist, ihr seid nicht wirklich frei.

Du wirst beeinflusst von deinem Umfeld, von Menschen, von den Medien, von allen Dingen, die dich umgeben.

Und es wird Zeit, dass du anfängst, diese Beeinflussung zu hinterfragen!

Je mehr du meditieren wirst, desto mehr wirst du die Wahrheit hinter den Dingen wahrnehmen können und du wirst lernen zu verstehen, warum es so viele Jahre gebraucht hat, um die Meditation zu befreien.

> Denn bis heute ist die Meditation nicht frei. Sie wird in Regeln gepresst, in Vorschriften. Sie wird ausgebeutet und ausgenutzt, und das meist von Menschen, die vorgeben etwas zu sein, was sie nicht sind. Denn sie sind keine Gurus und sie sind nicht erleuchtet und sie sind auch nicht frei.

Doch je mehr du die freie Form der Meditation genießen lernen wirst, desto mehr wirst du erkennen, wer dein gegenüber ist und ob er authentisch das tut, was er sagt.

Ein Wort noch zu irgendwelchen Abhängigkeiten in der Meditationsszene, wie man sie manchmal von Guru-Schüler-Beziehungen hört und kennt.

Denke daran: DU bist dein eigener Lehrmeister, auch wenn du vielleicht ein Seminar besuchst oder einen Kurs, ob du allein meditierst oder in der Gruppe.

Hinterfrage alles, was dir gesagt wird!

Mache dich frei von Angst und jedweden Abhängigkeiten.

> Du musst Meditation nicht erlernen, denn du kannst schon immer meditieren.

Du darfst dich heute wieder mit deiner inneren Weisheit verbinden und schon wirst du feststellen, dass du dich wieder erinnern kannst.

Dabei wünsche ich dir alles Liebe.

”

Dein Herz wünscht sich Frieden und innere Harmonie.
Wenn du diese gefunden hast, wirst du
immerwährend glücklich sein.

Mara Thelling

“

Kapitel 2
Befreie dein Herz

Im folgenden Kapitel möchten wir uns einem weiteren Thema zuwenden, welches mit der Meditation in sehr engem Zusammenhang steht: der Befreiung deines Herzens. Und damit meine ich vor allem, dass du die Liebe in dir befreien solltest.

All das, was in dir ist und dich unglücklich macht, das darfst du im Jetzt und Heute loslassen.

> Wenn wir unser Herz und die Liebe in uns befreien möchten, dann müssen wir in erster Linie unser Herz wahrzunehmen lernen und begreifen, dass wir reinste Liebe sind.

Wir haben das alles leider vergessen und es wird nun Zeit, dass wir uns auch an diese Dinge wieder erinnern.

Mit Hilfe der Meditation wollen wir nun all die Dinge, die dein Herz schmerzen lassen, alles, was Trauer in dir auslöst und alles, was nicht wirklich zu dir gehört, gemeinsam mit Hilfe dieses Kapitels näher betrachten und dann loslassen, und das für immer.

Auch dabei wird uns die Meditation zur Seite stehen, denn sie ist auch dafür geeignet, sich über das eigene Leben bewusst zu werden. Mit dieser Bewusstwerdung wirst du in der Lage sein, alte Dinge loszulassen und bewusst neue Schritte zugehen.

Wenn wir unser Herz befreien wollen, dann kann dies auch schon einmal schmerzhaft sein, innerlich meine ich. Es kommen auf einmal Gedanken, Gefühle und Probleme hoch, die du schon lange verdrängt hast und die du bisher so sehr in dir verschlossen hast, dass sie niemand von außen bemerkt. Und du selbst hast sie schon fast vergessen.

Doch solche Dinge wollen nicht vergessen werden, sondern verarbeitet. Sie wollen, dass wir sie ins Licht zerren und dass wir uns ihrer annehmen. Sie wollen Teil von uns sein, gelebter Teil.

Weil wir das bisher nicht getan haben, weil wir all diese Gedanken und Gefühle und auch Unbearbeitetes einfach in uns weggeschlossen haben, deshalb konnten wir uns noch nicht wirklich innerlich weiter entwickeln.

Erst, wenn wir all diese Dinge verarbeiten, werden sie uns innerlich und auch äußerlich wachsen lassen und dazu beitragen, dass wir uns wirklich weiterentwickeln.

Doch weil wir das nicht tun, weil wir die Dinge eben nicht verarbeiten, wachsen sie in uns und werden immer und immer grösser, bis sie eines Tages so groß sind, dass selbst du sie nicht mehr ignorieren kannst.

> Wir haben versäumt, mit uns selbst Kontakt aufzunehmen und haben unsere ganze Aufmerksamkeit der Äußerlichkeit unserer äußeren Umwelt geschenkt.

Doch es kommt nicht auf diese Äußerlichkeiten an, es kommt darauf an, was IN dir ist.

Und da ist noch etwas!

Weil wir nicht wollten, dass die unerledigten Dinge von außen gesehen werden und uns beeinflussen, haben wir angefangen eine Mauer um uns zu bauen, eine Mauer aus Angst, aus Schweigen, eine Mauer, die uns vor dem Außen schützen soll. So sieht es zumindest aus.

Aber das einzige, was diese Mauer macht, ist dein Herz einzuschließen und deine innere Freude zu verbannen, so lange bis du sie selbst nicht mehr verspüren kannst und du dich selbst nur noch traurig fühlst. Lass es nicht dazu kommen!

Öffne diese innere Tür zu deinem Herzen, zu deinen Gefühlen und zu deinem inneren Leben ganz sacht ein wenig und fang an, nach und nach ganz langsam die Dinge zu verarbeiten, die du dort weggeschlossen hast.

Dabei kann dir eine regelmäßige Meditationspraxis am besten helfen, wenn du in deinem eigenen Tempo unterwegs bist und du dir nicht von anderen vorschreiben lässt, wie schnell du etwas verarbeiten solltest.

Niemand außer dir selbst kann wissen, was da in dir schlummert und was ans Licht geholt werden möchte, um dein Herz zu befreien.

Und niemand außer dir selbst kann dir dabei helfen es auch wirklich zu tun.

Du kannst natürlich in irgendwelche Meditationskurse gehen und dir von irgendjemandem erzählen lassen, was dein Herz befreien könnte, aber ob es wirklich so ist, ob dies deine tatsächliche innere Wahrheit ist, das wirst du wieder einmal nur selbst herausfinden können.

Du kannst dich von anderen Menschen auf deinem Weg unterstützen lassen. Aber bitte beachte, dass die meisten Menschen um dich herum noch viel weniger Ahnung davon haben ihr Herz zu befreien, denn wir leben in einer Gesellschaft der verschlossenen Herzen.

Wir haben uns alle in uns selbst zurückgezogen, weil da draußen vor unserer Haustür so viel Missgunst, Hass und Neid herrscht und weil wir schon so viele Male verletzt worden sind für das, was und wie wir sind.

Und so haben wir uns entschlossen niemandem mehr zu zeigen, wer wir wirklich sind. Wir haben um uns herum eine Maske geschaffen, die für jeden wandelbar ist, dem wir sie zeigen und die denjenigen spiegelt, der sie betrachtet.

Das heißt nicht, dass wir nur zurückgezogen leben. Nein, wir gehen auch zu Partys, wir besuchen Freunde oder solche, die sich so nennen. Wir gehen arbeiten und treiben Sport und überall dort treffen wir Menschen, die ebenso ihr Herz verschlossen haben wie wir selbst.

Es wird also nicht so einfach sein, diesen Schritt wirklich zu gehen. Doch hierbei kann und wird uns die Meditation auf jeden Fall helfen.

Und damit möchte ich dich auch persönlich ansprechen!

Bitte beachte, wie viele Menschen auch hier in der Meditations-Szene unterwegs sind, die angeben etwas zu sein, was sie nicht sind.

Jede Art von Ego, von Überheblichkeit, jede Art der Überhöhung über einen anderen, jede Art des Wunsches, besser zu sein, des gegenseitigen Vergleichens wird dich hindern, wirklich deinen inneren Weg zu finden.

> Und doch finden wir gerade auch in der heutigen Yoga- und Meditationsszene Menschen, die ihrem Ego frönen, die Regeln und Vorschriften aufstellen, gerade dort, wo jene hätten Mauern niederreißen sollen.

Sei immer misstrauisch, wenn Menschen viele Fortbildungen gemacht haben, wenn sie sich ein äußeres Schild umhängen, auf dem steht, wie gut sie doch sind.

Wir sind alle gut, auch ohne diese äußeren Schilder, die wir uns umhängen: jeder eben in einer anderen Sache und jeder tief in seinem Herzen.

Also noch einmal: wenn DU dich heute daran machst, in die Meditation zu gehen, in die innere Arbeit– denn nichts anderes ist Meditation – dann stelle dich darauf ein, dass in dir etwas auf dich wartet und es sich freut, dass du dich nun endlich damit beschäftigen willst.

Dennoch kannst du nur dein Herz öffnen und die Liebe hineinlassen, wenn du es selbst willst und wenn du erkennst, welchen Weg du bisher genommen hattest. Erst dann wirst du wirklich frei sein.

Über die Freiheit des Herzens gibt es so viele Dinge zu schreiben, denn dein Herz möchte frei sein. Es möchte selbst entscheiden, wen es lieben möchte und es will vor allem nicht mehr verletzt werden.

Doch wir leben aktuell in einer sehr verletzenden Welt.

Gerade wenn du in einem Umfeld lebst, welches nur der Macht des Geldes und des Ego huldigt, wird es nicht einfach sein, sein Herz wieder zu öffnen.

Gehe also unbedingt langsam vor.

Wenn dich jemand mit Worten verletzt, dann wisse, du bist auf deinem Weg der inneren Heilung. Und denke immer daran, du wirst dich von nichts und niemandem davon abbringen lassen.

> Du bist der Mensch der neuen Zeit,
> des Friedens und der inneren Harmonie.
> Du bist der Mensch der Freiheit und der Liebe. Du bist, die Veränderung, die unser Planet jetzt braucht!

Auch hier noch einmal eine Mahnung an dich, ein gut gemeinter Ratschlag.

Manchmal gehen Menschen mit einer guten Intention los, sie wollen etwas bewirken, etwas, was eigentlich gut ist, doch dann verwenden sie Mittel, die der Sache nicht förderlich sind. Sie nutzen gewaltsame Formen.

Hier muss noch einmal in aller Deutlichkeit gesagt werden, dass der Weg deines Herzens immer friedlich ist und er sich niemals an irgendwelchen radikalen Aktionen beteiligen will.

> Heute ist Frieden der oberste Grundsatz jeglicher Verwandlung und jeder Umstellung auf ein neues Level oder Zeitalter.

Unfrieden und Hass wird immer nur eines hervorbringen, nämlich wieder nur Unfrieden und Hass. Wo das hinführt haben wir bereits in den letzten Jahrhunderten, sogar Jahrtausenden gesehen.

Wenn wir diese alten Strukturen und Verhaltensweisen wirklich durchbrechen wollen, dann müssen wir uns davon abwenden, jemand anderen als uns selbst beeinflussen zu wollen oder jemand anderen als uns selbst verändern zu wollen.

Warum das so ist? Weil es dazu keine Alternative gibt.

> Der Weg der Befreiung
> deines Herzens ist ein friedlicher.

Wenn du etwas nicht auf friedlichem Weg haben kannst, dann ist es nicht für dich bestimmt. So einfach ist das. Alles ist eigentlich ganz einfach.

> Stelle jeglichen Kampf in deinem Leben ein und befreie dein Herz von allen alten Dingen. Lerne loszulassen und du wirst endlich wieder frei sein.

Was kann Meditation für dich in dieser Angelegenheit noch tun?

Sie kann dein wirklicher Begleiter sein, ein Freund, den du nie mehr missen möchtest.

Doch du darfst lernen, dass man Freundschaft auch pflegen darf. Und so ist es auch mit der Meditation.

Jetzt bist du sicher schon ganz gespannt auf deine erste Meditationsübung, die ich in diesem Buch beschreiben will.

Es ist eine Meditations-Übung, die jeder Mensch ganz leicht selbst durchführen kann. Jeder Einzelne kann sich selbst über diesen Weg besser kennenlernen.

Hinweise zu der folgenden Meditation:

Die Meditation findest du auf meinem Youtube-Kanal.

Bitte nimm dir etwas Zeit und suche die Stille, damit du während der Meditation nicht gestört wirst. Schalte dein Handy aus. Du solltest körperlich und seelisch gesund sein. Falls du dir nicht sicher bist, dann frage deinen Arzt oder Heilpraktiker, ob diese Meditation für dich geeignet ist.

Mache diese Meditation am besten, wenn du einen Tag frei hast, damit du das Erlebte noch nachklingen lassen und im Anschluss an diese meditative Reise noch ein wenig schlafen kannst und danach genügend Zeit hast, das Erlebte zu reflektieren. Stelle dir auch unbedingt eine Flasche Wasser bereit, damit du im Anschluss an die Meditation viel trinken kannst.

Beachte bitte auch die wichtigen Hinweise am Anfang dieses Buches.

Starte mit deiner Meditationsreise erst, wenn du diese gelesen hast.

Meditations-Übung »Öffne dein Herz, atme und lass deine Gedanken ziehen«

Bitte beachte, dass diese Übung aus drei Teilen besteht.

a) Finde deinen Raum

Zuallererst nimm dir Zeit! Öffne die Fenster in dem Raum, in dem du dich befindest. Oder suche dir einen Platz in der Natur, in deinem Garten, wo du dich mit der Natur verbinden kannst, mit dem Himmel oder mit dem Zwitschern der Vögel.

Setze dich auf einem Stuhl einfach aufrecht hin oder lege dich auf den Boden, auf eine Meditationsmatte, ins Gras …

Alles, was dir gut tut ist in Ordnung. Es sollte bequem für dich sein.

Ich persönlich lege meine Hände oft auf meine Oberschenkel und öffne sie in Richtung Himmel.

Oft stelle ich mir dabei vor, wie aus ihnen weißes Licht in den Himmel steigt und mich mit dem Universum verbindet. Dabei spüre ich auch, dass dieses Licht nicht nur von mir ausgeht, sondern auch zu mir zurückfließt und mir neue Kraft und innere Ruhe schenkt.

> Wenn du also in einem Schneidersitz
> nicht sitzen kannst, lass es!
> Wenn du beim Liegen sofort einschläfst, dann lass es!
> Wenn du das Zwitschern der Vögel nicht magst,
> dann lass es und höre vielleicht dem Wind zu.

Wenn du nun deine Position gefunden hast, dann schließe die Augen oder setze eine Meditationsmaske/Schlafbrille auf. Diese wir dein Erleben noch verstärken.

Dann fang an zu meditieren!

b) Gedanken ziehen lassen

Lass alle Gedanken in deinen Kopf fließen, die es jetzt gerade möchten, halte sie nicht fest und sei auch nicht erstaunt darüber, wohin sie dich führen werden.

Lass die Gedanken schweifen. Du musst nicht innerlich leer werden und dein Kopf muss auch nicht leer werden und ohne Gedanken sein. Das ist alles altes und überholtes Wissen!

Du darfst alles in dir zulassen, was jetzt in diesem Moment in dir hochkommen möchte.

Spürst du deinen Körper, spürst du deine Gedanken, wie sie in dir Kreise ziehen? Spürst du, wie du innerlich ruhiger wirst?

c) Atme in dein Herz

Konzentrier dich nun auf deinen Atem. Lass ihn einfach kommen und gehen, so wie du es magst.

Stell dir vor, dass du in dein Herz atmest.

Halte deinen Atem nicht fest, sondern beobachte sein gemächliches Fließen.

Wenn du deine Gedanken auf deinen Atem und auf dein Herz richtest, dann wirst du nach und nach immer tiefer ein- und ausatmen.

Einatmen und ausatmen!

Mehr brauchst du jetzt nicht zu tun!

Einfach atmen, das reicht.

Sei einfach in diesem Moment und nimm dich selbst bewusst war. Mehr brauchst du nicht zu tun, nur dich selbst fühlen, deine Gedanken kreisen lassen, eine innere Ruhe spüren und deinen Atem fließen lassen.

Lass dir so viel Zeit, wie du magst. Gib dir einfach die Zeit, die du für richtig erachtest.

Du brauchst dazu auch keine Meditations-App oder einen Wecker.

Du hast eine innere Uhr eingebaut und die weiß genau, wann es reicht, wann du wieder in deinen Alltag zurückkehren solltest, wann es Zeit ist die Meditation für heute wieder loszulassen.

Das war's schon. Mehr ist zu Beginn nicht nötig.

Meinst du, dass du dafür einen Lehrer außer dir selbst benötigst?

Zusammenfassung der Dinge, die dir helfen können, zu meditieren:

1. Der Raum (Natur, Wohnung, Meditationsraum)
2. Dein Atmen (Bewusste Konzentration auf deinen Atemfluss)

3. Deine Ohren (Bewusstes Hören)
4. Deine Hände (Tastsinn), die mit Hilfe deiner Vorstellungskraft kosmische Energie zu dir holen werden
5. Dein inneres Auge (Bewusste Konzentration auf dein Drittes Auge / Steigerung deines sechsten Sinnes, der Intuition und der Hellsinne)
6. Kombination mehrerer Sinne (Bewusste Konzentration und Verbindung mehrerer Sinne)

Es geht in dieser ersten Übung darum, dich mit dir selbst und mit dem Raum, in welchem du dich gerade befindest, zu verbinden.

Und es geht darum, dich wieder einmal bewusst wahrzunehmen und dich selbst zu fühlen.

Du kannst dich zunächst auf deinen Atem konzentrieren und auf seinen Fluss.

Später kannst du den Fokus auf dein Gehör setzen und damit die Tiefe der Meditation noch steigern. Vielleicht hilft es dir auch, gerade, wenn du in die Meditationspraxis einsteigst, den Fokus auf verschiedene Dinge zu setzen.

Noch später, wenn du alle diese Sinne mittels der Meditation kombinieren wirst, wenn du deine Vorstellungskraft mit in deine Meditation einbeziehen kannst, dann werden auch in dir und deinen Gedanken Bilder und Gefühle aufsteigen, die du deuten kannst.

Doch heute wollen wir es erst einmal gut sein lassen, denn schließlich wollen wir langsam mit einer regelmäßigen Meditationspraxis beginnen.

Schau doch gern einmal auf meinen YouTube-Kanal. Hier findest du weitere Meditationen.

Ich wünsche mir für dich, dass du anfängst dein Herz zu öffnen und dass du dich in deinem eigenen Tempo auf den Weg machst.

Lass dir ruhig Zeit und mache es dir schön auf deiner Reise.

”

Dein Atem und du selbst sind eins.
Wenn dein Atem im Fluss ist, wird es dir gut gehen.

Mara Thelling

“

Kapitel 3
Genieße deinen Atem

Bereits im letzten Kapitel haben wir begonnen, uns mit unserem Atem zu beschäftigen.

Unser Atem kommt und geht, wir müssen nichts dazu tun. Wir müssen ihn einfach fließen lassen.

> Für eine regelmäßige Meditationspraxis ist es von besonderer Bedeutung, dass wir lernen, unsere Aufmerksamkeit auf den Atem zu richten. Er ist sozusagen unsere innere Lebenskraft, unsere Energie, die im Fluss sein möchte.

Wenn du ein Problem mit deinem Atem hast, schlecht Luft bekommst oder nie tief durchatmen kannst, dann ist das für dich selbst nicht gut.

Dein Atem zeigt dir an, wie gut es dir geht, wie kraftvoll oder entspannt du bist. Denn wenn du dich in einer Stresssituation befindest, dann atmest du viel flacher und du versorgst in dir oft nicht mehr alle Bereiche mit dem notwendigen Sauerstoff.

Gut zu atmen – und hier meine ich damit tief und ausgewogen, ruhig und fließend – das ist es, was wir uns auch in der Meditation zu Nutze machen wollen.

Wir wollen mittels der Meditation unseren Atem kultivieren lernen. Wir wollen die Zusammenhänge zwischen Atmung und Stress verstehen und die Verbindung zwischen Atmung und tiefer innerer Ruhe und Stille.

Wenn wir diese Dinge erst einmal verinnerlicht haben, dann wird es uns auch möglich sein, mit Hilfe des Atmens und mit Hilfe von Meditation unseren Geist zu beruhigen und viel leistungsfähiger und entspannter zu werden.

Auch Ängste beeinflussen deinen Atem, aber nicht nur den Atem sondern dein gesamtes Immunsystem. Schon deshalb wird es notwendig sein, dich in die Praxis des Atmens einzuweihen und deinen Atem zu entspannen.

Wisse, dass es eine absolute Notwendigkeit ist, dass du dich mit deinem Atem auseinandersetzt und ihn besser verstehen lernst.

Wenn du ihn erst einmal bewusster wahrzunehmen vermagst, dann wird es dir auch gelingen, dich viel mehr und viel besser auf deine Meditationspraxis einzulassen. Das ist heute besonders wichtig.

Lassen wir also den Atem so wie er ist und wie wir mit ihm geboren wurden. Wir wurden geboren, haben geschrien und unsere ersten Atemzüge getan.

Erst später haben wir begonnen unseren Atem zu kontrollieren und haben ihn eingesperrt in ein Korsett, dass wir uns niemals selbst anlegen sollten.

Um heute dieses Korsett aus Angst, Stress und Verspannung wieder abzulegen, bedarf es eigentlich gar nicht viel.

Es braucht nur ein wenig Bewusstheit, mehr Bewusstheit als bisher und viel mehr Bewusstheit als uns aktuell wirklich klar ist.

Atemübung/ Meditation »Gedankenwelten atmen«

Einführung: Wenn wir lernen, unseren Atem frei fließen zu lassen, dann können wir jede Art von Verspannung auflösen oder sie verhindern (wir kommen also gar nicht erst in eine solch angespannte Situation). Denn wir sorgen schon vorher gut für uns. Wir lassen uns nicht mehr unter Druck setzen, weder von uns selbst noch von anderen Menschen.

Wir verspannen nicht mehr, denn wir wissen, dass wir genug Zeit haben, um unsere Aufgaben zu erledigen. Wenn es doch einmal sehr stressig wird, dann erinnern wir uns an die folgende einfache Atemübung, die dir in jeder wirklich wichtigen Situation helfen kann.

Auch jegliches Lampenfieber oder etwa Prüfungsangst sind mit dieser einfachen Übung ganz schnell aus der Welt zu schaffen.

Lege oder stelle dich hin. Gern kannst du auch eine sitzende Position einnehmen.

Dann schließe für einen Moment deine Augen und lass deine Gedanken direkt in deinen Atem fließen.

Du musst dir das in etwa so vorstellen, dass deine Gedanken beim Einatmen sich in Bildern – direkt über deinem Kopf – in einer Art »Wolke« sammeln.

Dann, wenn du wieder ausatmest, fangen sie an, sich wieder aufzulösen und wenn sie völlig aufgelöst sind und du wieder Luft holst, entstehen neue Gedankenwolken.

Wenn du dich darauf eine Weile konzentrierst, wirst du ruhiger werden und auch entspannter.

Je mehr du dich auf die Gedankenwolken konzentrierst, desto freier kann dein Atem fließen.

Du beobachtest also nicht direkt deinen Atem, sondern dein Fokus und dein gesamtes inneres Auge sind auf deine Gedankenwolken gerichtet.

Lass dir für diese Übung Zeit und genieße das Ruhigwerden deines Atems und wie du immer entspannter wirst.

Noch ein Tipp: Versuche dir deine Gedanken bildhaft vorzustellen, in Form von farbigen Bildern oder Bildern in schwarz-weiß. Manche Menschen müssen sich auch eine Art Schrift vorstellen. Mach es so, wie du es gerade fühlst.

Wie fühlst du dich jetzt? Besser?

Wenn du diese einfache Atemübung regelmäßig zu Beginn deiner Meditationspraxis anwendest, dann wirst du sehen, wie schnell du in eine Art tiefere Meditation eintauchen kannst und sich Gedanken und Probleme, die du noch mit dir herumträgst, weggeatmet werden.

Mit diesen Gedankenwelten gibst du auch allen Ballast ab, der dich gerade belastet, ans Universum oder auch an andere kosmische Energien.

Den Einstieg in ein freieres Atmen haben wir nun genommen! Doch da ist noch viel mehr, womit wir uns beschäftigen wollen.

In diesem Buch möchte ich dir nicht nur viele theoretische Ansätze mit auf deinen Weg geben. Im Gegenteil, wir wollen schon gleich beim Lesen dieses Buches, einige Dinge ausprobieren und sie uns sofort zu Nutze machen.

Denn wenn du schon einmal begonnen hast und das gleich mit mir gemeinsam, entweder hier im Buch oder auf meinem YouTube Kanal, dann wird es dir auch leichter fallen, das später alles für dich allein umzusetzen.

Bist du mit den ersten Übungen gut zurechtgekommen? Wenn nicht, übe einfach weiter! Manchmal sind nämlich die einfachsten Dinge die schwierigsten.

Folgende Themen wollen wir in diesem Kapitel noch ausführlich besprechen: Fokus und Konzentration, Freiheit des Atmens, Loslassen und Neubeginnen, sich immer wieder selbst wahrnehmen und das Sein genießen, sich gut fühlen, Atmen heißt, im Fluss zu sein

Fokus und Konzentration

Zunächst wollen wir uns damit beschäftigen, dass die Fokussierung auf das Atmen nicht nur dem freien Atmen dient, sondern in erster Linie deinem ganzen Körper und deiner Seele.

Wenn du schon andere Bücher von mir gelesen hast, dann weißt du, dass ich ein Lebewesen nur in Körper und Seele einteile, denn deine Seele wohnt in deinem Körper und deine Seele ist der Steuerer von allen lebenswichtigen Dingen, die du auf deiner persönlichen Lebensreise benötigst.

Der Begriff Fokus, den ich hier an diesem Punkt ansprechen möchte, bedeutet zweierlei.

Zum einen wird es dir möglich sein, durch eine regelmäßige Meditationspraxis deinen Fokus auf die Dinge und deine persönliche Präsenz entscheidend zu verbessern.

Zweitens wirst du mit Hilfe von Meditationsübungen nicht nur deinen Atem schulen, sondern darüber hinaus auch deinen Atem gezielter und fokussierter nutzen können.

Was meine ich damit nun genau?

Wenn du in deiner Meditationspraxis deinen Fokus auf etwas lenkst – wie zum Beispiel darauf, deinen Atem zu verbessern, dann wird sich der Fokus auch in deinem gesamten Leben verbessern. Du wirst in der Lage sein, viel präsenter und aufmerksamer zu leben, dich selbst viel besser wahrzunehmen und auch in dieser Präsenz zu bleiben.

Doch damit nicht genug: Wenn du deinen Atem während der Meditation zu Hilfe nimmst, wirst du nicht nur deinen Atem beruhigen, sondern auch dich selbst.

> Denn du bist dein Atem, er ist deine Lebensenergie, dein Flow, dein persönlicher Ausdruck deines inneren Seins.

Wenn du ihm hilfst, besser, entspannter und friedvoller zu fließen, dann wirst du auch in der Gesamtheit deines Seins mehr und mehr im Fluss deiner Lebenskräfte sein.

Der Atem zeigt dir nicht nur an, ob du gestresst oder müde bist, in erster Linie zeigt er an, was in dir für eine Lebensenergie vorhanden ist.

Denn auch der Druck deines Egos wird sich in deinem Atem wiederfinden, so wie auch der Hass und all die unschönen Dinge, die wir bereits einmal erleben mussten.

Hier und heute haben wir die Möglichkeit, unseren Atem mehr und bewusster wahrzunehmen, indem wir uns ganz auf ihn fokussieren und ihn dennoch nicht festhalten.

Ein Festhalten des Atems ist zwar sowieso nicht möglich, aber dennoch versuchen es immer wieder Menschen.

Es ist also wichtig, mit welcher Energie dein Atem fließt! Doch genauso wichtig ist, dass du erkennst, dass auch die Qualität der Luft, welche du einatmest, von entscheidender Bedeutung ist.

Wenn du immer nur in einem Zimmer hockst und dich gänzlich vom deiner äußeren Hülle abschneidest, dann wirst du nicht genügend freie Energie in dich aufnehmen können. Dein Atmen wird früher oder später stagnieren und aus dem Gleichgewicht kommen, denn alle diese Rhythmen, die in unseren Häusern oder an unserem Arbeitsplatz herrschen, sind künstlich von uns Menschen erzeugt.

Je ursprünglicher die Luft ist, die wir einatmen, desto ursprünglicher wird unser Lebenszyklus sein.

Wenn du also viel Zeit an der frischen Luft, im Wald, in der Natur, am Meer ... verbringst, wird dein Energielevel ein anderes sein, als wenn du dich ständig nur in geschlossenen und noch dazu klimatisierten Räumen aufhältst.

Eigentlich ist dies logisch. Und dennoch ist es den meisten von uns nicht bewusst, weil wir nicht darauf fokussiert sind, Luft zu atmen, die natürlicher ist als vielleicht Luft in einem Industriegebiet.

Geh also so oft du kannst raus in die Natur, in den Wald, in einen Park, ans Meer. Dort, wo Pflanzen (Bäume) wachsen und Tiere frei leben, ist frische und natürliche Energie und gute Atemluft.

Wenn du viel Zeit in geschlossenen und klimatisierten Räumen verbringst, dann hole dir unbedingt genügend Pflanzen in dein zuhause und schaffe dir somit eine kleine Atem-Oase.

Beachte aber, dass viele Menschen durch ihre unnatürliche Lebensweise nicht mehr mit allen Pflanzen zusammenleben können. Sicher wirst auch du deine Lieblingspflanzen haben, mit denen du dich wohlfühlst.

Für deine Atem-Oase sind insbesondere Pflanzen geeignet, die große grüne Blätter tragen und nicht zu stark riechen oder Pollen in die Luft abgeben. Bevorzuge harmonische große Blattformen und informiere dich darüber, was die Pflanze benötigt, wenn du sie in dein Leben holst.

Pflanzen sind besondere Lebewesen und sie können sich genauso unwohl oder wohl fühlen wie du selbst. Aber sie können dich auch dabei unterstützen, es dir sehr gemütlich zu machen und deine Atemmeditationen unterstützen.

Die Freiheit des Atmens

Kommen wir nun zu einem weiteren Punkt, der Freiheit des Atmens. Das klingt erst einmal seltsam. Sind wir denn nicht alle frei zu atmen, wo und wie und wann und wie viel wir wollen?

Viele Menschen sind das nicht, denn sie leben in Lebenswelten, die nicht mehr natürlich sind. Sie atmen schlechte Luft, weil in ihrer Nähe ein Industriegebiet ist. Sie atmen schlechte Luft, weil ihr Arbeitgeber nicht mehr erlaubt Fenster zu öffnen und das gesamte Bürogebäude klimatisiert ist oder sie machen Urlaub in einem Hotel, wo sich keines der Fenster mehr wirklich öffnen lässt.

Ich finde, dass die Freiheit zu atmen, wirklich frische natürliche Luft zu atmen, in letzter Zeit sehr eingeschränkt wurde.

Doch was kannst du nun tun?

Das Einfachste wäre, du achtest erst einmal auf diese Hinweise von mir, denn meistens sind diese Umstände uns gar nicht bewusst.

Wenn du sie dir bewusst gemacht hast, dann wirst du wahrscheinlich einen Wohnort bevorzugen, der in der Nähe eines Waldes oder eines Parks liegt, oder eine Wohnung, die einen schönen Balkon hat, auf welchem du wunderbare sauerstoffbringende Pflanzen stellen kannst.

Achte aber auch bei den Pflanzen darauf, dass du noch ursprüngliche (vom Menschen genetisch unveränderte) Exemplare kaufst. Lass dich am besten von einem Biogärtner beraten.

Was hat das ganze eigentlich mit Meditation zu tun, wirst du dich gerade fragen. Und ich kann dir nur sagen, sehr viel!

> Denn wenn du eine regelmäßige Meditationspraxis leben wirst, dann wird sich auch dein Atem vertiefen, du wirst in der Lage sein, deine Lungen mit immer mehr Luft zu füllen. Diese Luft sollte dann unbedingt gesunde Luft sein.

Sie sollte nicht durch Schadstoffe aus Möbeln belastet sein, oder von Ausdünstungen deiner Wandfarbe.

Das Einzige, was du hier wirklich verstehen solltest, ist, dass Luft nicht gleich Luft ist und Meditation nicht gleich Meditation.

Du kannst die Ergebnisse deiner Meditationspraxis ungemein steigern, wenn du die Rahmenbedingungen dafür schaffst. Und das heißt eben auch, sich darüber Gedanken zu machen, was du alles an einem Tag einatmest, von den Abgasen der Autos auf deinem Weg ins Büro einmal ganz abgesehen...

Loslassen und Neubeginnen

Die beiden Worte »loslassen« und »Neubeginn« gefallen mir besonders gut, weil sie genau das symbolisieren, was dein Atem eigentlich ständig macht. Er lässt los und beginnt wieder von Neuem.

Diese enorme Erneuerungskraft deines Atems kannst du auch in deine Meditationspraxis einfließen lassen.

Du kannst sie sogar noch steigern, wenn du die gedanklichen Bilder des Loslassens und des Neubeginnens mit deinem Atmen in Verbindung bringst.

Lass uns doch gleich einmal eine kleine Übung dazu machen.

Atemübung »Seele entrümpeln«

Du sitzt hoffentlich irgendwo bequem und schaffst es noch, die Tür von deinem Zimmer zu schließen, damit du ein wenig Ruhe zum Ausprobieren hast.

Nimm dir jetzt also Zeit nur für dich!

Schließe deine Augen und lass deinen bisherigen Tag, noch einmal an dir vorüberziehen. Mache dir dabei bewusst, dass du diesen Erinnerungen in keiner Weise ausgeliefert bist und du mit jedem Atemzug, den du tust, eine neue Entscheidung treffen kannst.

> Du bist kein hilfloses Wesen!
> Du hast Macht, Macht über dich und über dein Leben!

Um dir diese Macht einmal zu verdeutlichen, wollen wir uns nun gedanklich vorstellen wie es wäre, wenn du alle Dinge, die du nicht mehr in deinem Leben haben willst, einfach wie einen großen Ballon wegpusten könntest.

Du füllst nun in Gedanken diesen Ballon mit allen Dingen, die du loslassen möchtest.

Und dann holst du ganz tief Luft, so tief, wie du noch niemals in deinem Leben Luft geholt hast, und dann pustest du diesen riesigen Ballon mit deinem Mund einfach davon.

Lass die Luft nun aus deinem Mund gleiten, wieder und wieder.

Du wirst dabei merken, dass es nicht ausreichen wird, einmal zu atmen, um den Ballon ganz weg zu pusten. Es bedarf vieler kleiner Atemzüge, so wie im Leben auch, um solch einen großen Ballon zu bewegen.

Doch dein Atmen kann dir dabei helfen!

Setze dich nun aufrecht hin und lege deine Handflächen mit dem Blick nach oben auf deine Oberschenkel.

Atme ein und dann atme so langsam du nur kannst wieder aus. Beobachte dich! Wie hast du genau ein- und ausgeatmet? Wir wollen nun gemeinsam die folgenden Varianten üben!

Variante 1: Atme durch die Nase ein und dann wieder durch die Nase aus.

Variante 2: Atme durch deinen Mund ein und gleichsam durch deinen Mund wieder aus.

Variante 3: Atme durch den offenen Mund ein und durch die Nase wieder aus.

Variante 4: Atme durch die Nase ein und durch den Mund wieder aus.

Hättest du wirklich gedacht, dass es so viele Möglichkeiten gibt, um ein- und auszuatmen?

Wenn ich hier in diesem Kapitel davon spreche den Atem zu genießen, dann heißt das auch, dass es nicht notwendig ist, festzulegen, welche Atemform du bei deiner Meditationspraxis anwenden sollst.

Es gibt kein »sollen« und »müssen«. Das Wichtigste ist, dass es sich für dich selbst gut anfühlt!!!!!

Bitte probiere jetzt alle diese Formen der Atmung einmal aus. Lass dir genügend Zeit, so dass es sich für dich gut anfühlt.

Ich bin sicher, dass du eine Form finden wirst, die deine Meditationspraxis zu dem machen wird, was du dir wünschst.

Auf meinem YouTube-Kanal findest du dazu verschiedene Videos, um gemeinsam mit mir zu üben.

Sich selbst wahrnehmen und das Sein genießen

Das Thema Sich selbst wahrnehmen und das Sein genießen liegt mir besonders am Herzen, da es meist als selbstverständlich angesehen und gerade deshalb so häufig vergessen wird.

Sich selbst wahrzunehmen ist in der Meditationspraxis ein wichtiger Punkt und die Ergänzung, dass man das Sein genießen soll, vervollständigt diesen Satz.

Damit wird verdeutlicht, dass jegliche Formen der Meditation ausgeschlossen sind, die sich für dich nicht gut anfühlen.

Wenn du zum Beispiel nicht im Schneidersitz sitzen kannst, dann ist das kein Problem und auch kein Ausschlusskriterium, um meditieren zu können.

Es ist absolut nicht notwendig, eine ganz bestimmte Position einzunehmen. Wenn du in einen meiner Meditationskurse kommst, dann wirst du Menschen finden, die bei der Übung liegen, sitzen stehen, im Schneidersitz üben usw. So wie es sich für sie gut anfühlt.

Gerade dieser Punkt unterscheidet sich sehr von anderen Meditationspraktiken.

Du musst dich nicht selbst quälen, um einen Fortschritt zu erleben! Das ist eine völlig überholte Ansicht. Und so darfst du dir auch in deiner Meditationspraxis selbst gut tun und dich mit Selbstliebe umsorgen.

Kommen wir noch einmal zum Atem zurück. Auch hier wirst du in meinen Workshops erstaunt sein. Alle Übenden haben ihren eigenen Atemrhythmus und ihr bevorzugtes Atemgefühl, damit meine ich die verschiedenen Formen der Ein- und Ausatmung, die ich gerade vorgestellt habe.

> Alle diese Formen der Atmung sind richtig und gut für dich, wenn sie sich gut für DICH anfühlen.

Du bist also das einzige Barometer, das entscheidet, ob du eine Übung in einer bestimmten Form ausüben möchtest.

Das Beste ist, dass dir diese äußere Freiheit der Meditationspraxis auch eine innere Freiheit des Erlebens gewähren wird.

Innerlich und seelisch wird dir eine Übung, bei der du dich wohl und geborgen und gut aufgehoben fühlst, besser tun, als eine Übung, bei der deine Muskeln schmerzen und du vielleicht sogar einen Muskelkater bekommst.

> Wir sollten in so kleinen Schritten vorangehen, dass wir uns immer selbst im Blick haben!

Und so wird es auch möglich, bei der kleinsten Unstimmigkeit zu reagieren und eine achtsame Veränderung vorzunehmen. Im Zentrum steht also bei der Meditationspraxis und auch bei der Atempraxis immer dein Wohlgefühl.

Wenn dein Atem leicht fließt und du entspannt bist, dann wird auch dein Meditationserlebnis ein ganz besonderes sein.

> Also, lass dir ab sofort bitte nie wieder erklären, wie etwas zu sein hat. Probiere es selbst aus!

Wenn es dir bei einer Übung nicht gut geht, dann ist das nicht die richtige Übung für dich. Du kannst das Ganze beliebig variieren.

Wichtig sind immer nur dein Wohlgefühl und die Präsenz deiner Inneren Stimme, die dir genau sagen, ob alles okay ist.

Atmen heißt im Fluss zu sein

Kommen wir nun zu einem letzten Punkt in diesem Kapitel.

> Atmen heißt im Fluss zu sein.

Was bedeutet es, wirklich im Fluss zu sein?

Wenn wir uns einmal in Gedanken vorstellen würden, dass wir keine Luft mehr zum Atmen benötigten, wir also einfach das Atmen weglassen könnten, dann würde uns etwas ganz Entscheidendes in unserem Leben fehlen.

Rhythmus!

Ja, der Rhythmus würde fehlen, denn der Atem ist, wie schon gesagt, ein wichtiger Indikator dafür, ob es dir gut geht oder nicht.

> Der Atem bringt einen Rhythmus in unser Leben, den wir nicht so einfach ausstellen können. So lange wir leben, werden wir atmen.

So lange wir leben, sind wir an dieses Universelle Gesetz des Rhythmus angebunden. Denn damit bleiben wir im Fluss. Mit jedem Atemzug füllen wir unsere Körperzellen mit frischem Sauerstoff und mit Lebensenergie.

Wenn wir uns dessen erst einmal vollständig bewusst sind, dann werden wir unserem Atem auch viel mehr Raum in unserem von Äußerlichkeiten geprägten Leben geben.

Jeden Tag ein paar wenige Atemübungen, die mit einer meditativen Reise gekoppelt sind, werden dir selbst und deiner Seele überaus gut tun.

Jeder Tag, an dem du dich selbst mehr und besser und achtsamer wahrnimmst, wird dir helfen, gesund zu werden und zu bleiben.

Jeder Tag, an dem du dein Bewusstsein mit Hilfe der Meditation erweiterst, wird dich selbst ein Stück näher zu dir heran bringen und du wirst verstehen, dass nicht nur dein Atem frei ist, sondern dass auch dein ganzes Wesen frei sein möchte.

Wenn du dies erst einmal verstanden hast, dann kann dir Meditation wirklich helfen dein Leben grundlegend zu verändern und zu wirklichen innerem Frieden zu finden.

> Es ist heute notwendiger denn je – eine regelmäßige Meditationspraxis zu entwickeln, die frei von irgendwelchen Regeln und Zwängen ist und die sich vor allem daran orientiert, ob dir etwas gut tut oder nicht.

”

Die Quelle allen Seins ist nur unergründlich für den,
der sich nicht zu sich selbst auf den Weg macht.

Mara Thelling

“

Kapitel 4
Verbinde dich mit der Quelle allen Seins

In diesem Kapitel wollen wir uns noch einmal ausführlich dem »Fühlen« widmen, denn das Fühlen nimmt in der Meditation einen außerordentlich wichtigen Platz ein.

Damit wird es zum Beispiel möglich, sich mit der Quelle allen Seins zu verbinden und wirklichen inneren und äußeren Frieden zu erschaffen.

Das Fühlen ist deshalb so wichtig, weil es uns hilft, genau das richtige Level zu finden, auf dem wir uns am besten weiterentwickeln werden.

> Wenn wir unser Fühlen schulen, dann werden wir genau wissen, wie es uns geht und wir werden genau wissen, welchen Schritt wir als nächstes gehen werden.

Dennoch hat das Fühlen noch einen weiteren Aspekt, nämlich mit jemand anderen mitzufühlen, sich als mitfühlendes und empathisches Wesen zu empfinden, empfindsamer zu werden und das alles mit Hilfe der Meditation.

Eigentlich ist das »nur« eine Nebenerscheinung der Meditation, die sich einstellt, wenn du mit einer Meditationspraxis regelmäßig beginnst.

Diese Nebenerscheinung ist von dir nicht unbedingt beabsichtigt, denn du willst ja in erster Linie dir selbst mit deiner Meditationspraxis helfen und dir dir selbst Gutes tun. Dass dabei jedoch noch etwas ganz anderes passiert, was die Meditation zu einem unschätzbaren Partner für eine friedlichere Welt macht, ist für dich zunächst nicht ersichtlich.

Denn während du meditierst, veränderst du dich!

Du wirst empfindsamer werden und lernen, deine Umwelt mit anderen Augen wahrzunehmen und damit geschieht auch das Unfassbare! Damit wird es möglich sein, dass auf dieser Erde wieder Frieden einkehrt.

> Das, was du eigentlich nicht anstrebst, ist der wichtigste Aspekt bei der Meditation, denn mit Hilfe von Meditation ist es tatsächlich möglich friedlicher zu werden und damit auch äußeren Frieden zu schaffen.

Wenn jeder Mensch meditieren würde, dann würde es keine Kriege und keinen Hass mehr geben, denn jener würde die Welt mit den achtsamen Augen der Meditation wahrnehmen können.

Doch das bedeutet keine Schwäche! Wir müssen uns im 21. Jahrhundert davon lösen, dass Krieg und Hass noch eine akzeptable Möglichkeit sind, um Meinungsverschiedenheiten zwischen verschiedenen Völkern und Menschen zu lösen.

Der Mensch steht kurz vor einem evolutionären geistigen Entwicklungssprung und danach wird noch der letzte Mensch verstanden haben, dass der Frieden es ist, der diese Welt ab sofort beherrscht und dass alles unter Strafe gestellt wird, was nicht dem Frieden dient.

Meditation wird dir dabei helfen zu verstehen, was mit dem menschlichen Geist gerade passiert, denn dadurch wird es dir möglich sein, dich an die Quelle allen Seins und aller Weisheit anzudocken und zu lernen zu verstehen.

Du wirst begreifen lernen, warum der Mensch bisher nicht in der Lage war, friedlich zu leben. Und du wirst verstehen, dass diese Epoche nun unweigerlich vorbei geht, so wie alle Epochen einmal vorbei gehen.

Was immer bleibt, ist der energetische Staub der Erinnerung, doch manchmal nicht einmal dieser.

Damit es möglich wird, das bereits erforschte Wissen für die Zukunft zu erhalten, wird es notwendig sein, dass so viele Menschen wie möglich mit dem Meditieren beginnen, um zu lernen, wie sie ihren Geist bewusst öffnen können.

> Nur wenn es gelingt, mehr Menschen als bisher für die Meditation zu begeistern, nur dann wird es eine Zukunft für den Menschen auf dieser Erde geben.

Wenn der Mensch nicht lernen wird, dass er ein empathisches Wesen ist, dass er bei dem Leid und bei Qualen anderer Wesen nicht wegsehen kann, sondern helfen muss, erst dann hat er eine Daseinsberechtigung im Universellen Raum- und Zeitgefüge erhalten.

Wir Menschen sind mitfühlende Wesen!

Wir nehmen unsere Umwelt über unsere Mitlebewesen war. Und mittels der Meditation wird es uns nun möglich, nicht nur mit uns selbst achtsamer umzugehen, sondern auch mit allen Wesen dieser Erde in all ihren Dimensionen.

Doch damit nicht genug. Wenn wir erst einmal verstanden haben, welcher Nutzen sich wirklich hinter der Meditation verbirgt und dass dies eben mehr ist, als Stress abzubauen oder relaxter zu sein, entspannter oder was auch immer.

Dann werden wir auch begreifen, dass der wirkliche Grund, warum die Menschen mehr als bisher meditieren sollten, der wahre Frieden auf der Erde ist.

Es ist also nicht nur wichtig, dass du für dich allein meditierst. Es ist für die gesamte Menschheit wichtig, dass wir untereinander verstehen lernen, dass wir untereinander erkennen, wie ähnlich wir uns trotz aller Unterschiedlichkeit sind. Dabei kann uns Meditation helfen.

Und hier meine ich jede Art von Meditation. Auch eine Meditation, die von einem althergebrachten Guru vermittelt wird, ist besser als keine Meditationspraxis.

> Jede Art von Achtsamkeit gegenüber sich selbst oder anderen Wesen ist ein Akt der Selbstbefreiung.

Jede Art von Liebe ist hingebungsvoll und ein Mittel gegen den Hass.

Ich verwende das Wort »müssen« fast nie, aber hier im Folgenden muss es sein, denn wir müssen Meditieren lernen, wir müssen Zuhören lernen, wir müssen Verstehen und lieben lernen.

Wir können alle Meditieren, wir können alle Zuhören, wir können es alle, das Verstehen und Lieben.

Wir haben es nur verlernt.

Jeder von uns trägt ein ursächliches Wissen in sich, dass dir genau sagt, wie und in welcher Form du meditieren kannst, wie du das innere Tor zu dir selbst öffnen kannst.

Du musst diese Informationen einfach nur wieder abrufen. Jetzt wird es Zeit, dieses innere Wissen, welches wir alle in uns tragen, wieder herauszuholen und es in diese Welt strahlen zu lassen.

Meditation »Innere Stimme hören«

Lass uns noch eine Meditationsübung machen!

Du nimmst wieder eine der Stillepositionen ein, die ich schon beschrieben habe und lässt deinen Geist in dir ruhen.

Du machst einfach nichts, wirklich nichts.

Du sitzt einfach nur da und gewöhnst dich daran nichts zu tun. Dies ist für uns, die wir immer unterwegs sein müssen, die wir immer etwas konsumieren müssen, die wir immer etwas tun müssen, äußerst schwer.

Denn wenn wir zur Ruhe kommen, wenn wir anfangen zu meditieren, dann werden wir uns auf einmal bewusst, wie klein und unvollkommen wir uns oft fühlen, obwohl uns immer gesagt wird, dass wir g e n u g sind. Uns wird bewusst, dass wir uns selbst verloren haben, irgendwann und irgendwo.

Wenn du dich lange in dieser Meditation befindest – vielleicht 20 Minuten oder länger – dann fängt etwas an sich in dir zu melden, eine innere Stimme, dein Höheres (inneres) Selbst und es wird dich fragen, was du hier überhaupt mit deinem Leben machst. Und davor, glaube ich, haben die meisten Menschen wirklich Angst.

Sie haben Angst davor, sich wirklich bewusst mit dem zu beschäftigen, was sie alles tun, wirklich Verantwortung zu übernehmen für ihr eigenes Handeln, welches sich noch auf Generationen nach uns auswirken wird, so, wie das Handeln unserer Vorfahren auf uns heute immer noch auswirkt, ob uns das nun bewusst ist oder nicht.

Wenn du also jetzt eine Weile so da gesessen hast und wirklich einmal nichts anderes getan hast als einfach dazusitzen, dann wird sich in dir eine innere Welt auftun, die du zwar schon immer mit dir herumträgst, die du aber immer in dir verborgen hast und die du deshalb nicht wahrnehmen konntest.

Mit dieser Selbstwahrnehmung wird dir auf einmal bewusst, dass da neben dir noch andere sind.

Du wirst anfangen, dich bewusst in Beziehung zu setzen. Ich meine hier nicht das Wort »vergleichen«. Das ist etwas anderes!

Ich wähle hier ganz bewusst die Bezeichnung »in Beziehung setzen«.

Das heißt nämlich zu verstehen, wie sich mein Leben

auf das Leben von anderen Menschen in anderen Ländern auswirken wird, was ich dafür tue, dass es anderen Menschen an anderen Orten auf der Welt gut geht oder ob es mir reicht, mir selbst gut genug zu sein, und ich immer nur an mich selbst denke.

Doch gerade das haben wir Menschen die letzten hunderte oder sogar tausende Jahre gemacht, wir haben immer nur an uns selbst gedacht, an unseren eigenen Wohlstand, an unser eigenes Leben, an unsere eigenen Familien.

Was ist mit den Familien der anderen, mit dem Leben und dem Wohlstand der anderen Menschen, irgendwo anders auf der Welt?

Das war uns tausende Jahre lang egal, zum einen weil wir nicht wussten, dass es noch andere gab, oder weil wir uns anderen Menschen gegenüber überlegen glaubten oder weil wir einfach eine Kultur, die unserer so fern schien, als bedrohlich wahrgenommen haben.

Doch jetzt mit Hilfe der Meditation haben wir etwas Verbindendes gefunden, etwas was allen Menschen mit einem Freien Geist gegeben wurde. Etwas, was allen Menschen eigen ist und was von allen Menschen ganz selbstverständlich genutzt werden kann.

> Wir können gemeinsam meditieren, uns in Beziehung setzen, wir können gemeinsam nach Wegen suchen, um die Probleme der heutigen Zeit zu lösen.

Und wir können gemeinsam Frieden schließen.

Das setzt natürlich von jedem einzelnen voraus, dass er jegliche Art von Leben anerkennt und akzeptiert. In unserer Zukunft wird es noch Formen von (künstlichem) Leben geben, die wir uns aktuell nicht vorzustellen vermögen.

Jedes einzelne Leben ist kostbar und bedarf besonderen Schutzes! Dieser Kodex steht über jeder Form der Meditationspraxis. Jeder Meditierende ist dem Schutz des Friedens verpflichtet und dieser wird mit friedlichen Mittel geschützt.

> Der Frieden ist nicht nur das Äußerste Ziel einer jeden Meditationspraxis er ist auch der Weg dahin.

Nur ein friedvoller Geist kann wahrhaft vollkommen sein!
Und nur ein vollkommener Geist ist voller Frieden!
Beides bedingt sich sozusagen.

> Frieden ist also in der Meditation Weg und Ziel zugleich.

Dieser Punkt steht hinter der heutigen oberflächlichen Suche nach Entspannung und Erlösung oder nach Stressreduzierung.

Wenn du nicht wirklich verstehst, was Meditation für dich tatsächlich bedeuten kann und was sie für unseren Planeten bedeuten könnte, dann bleibt sie gänzlich nutzlos. Sie bleibt dann ein oberflächlich ausgebeutetes Mittel, um Geld zu verdienen, ein Mittel, um noch mehr Freude und Lust zu erleben, ohne sich den wirklichen Herausforderungen des Lebens zu stellen.

Doch das wird die Meditation selbst nicht zulassen. Ich personifiziere sie einmal, wie ich es gerne tue.

Sie, die Meditation ist ursprünglich hierher auf die Erde gekommen, um Frieden zu stiften und sie wurde uns geschenkt. Niemand sollte etwas bezahlen müssen, wenn er meditieren lernen (sich an das Meditieren erinnern) möchte! Die Meditation will sich den gesamten Vermarktungsstrategien entziehen und so endlich zu dem werden, was sie schon immer war: ein Mittel, um endlich inneren und äußeren Frieden zu schließen und diesen dann auch zu bewahren.

Wenn wir also an dieser Stelle in diesem Buch angekommen sind, und uns bewusst geworden ist, was Meditation wirklich ist, dann sind wir schon ein großes Stück vorangekommen.

Wenn wir gelernt haben mit anderen mitzufühlen, wenn wir erleben, wer sie wirklich sind, weil sich niemand mehr verstecken muss, für irgendetwas, was genau ihn ausmacht, dann haben wir wirklich ein wundervolles Ergebnis erreicht.

Lass uns nun gemeinsam unseren Blick noch ein wenig in Richtung der Zukunft erweitern.

Wir haben es heute in der Hand, wie die Welt in 50 oder 100 Jahren aussehen wird, und wir haben es heute in der Hand zu verstehen, was in der Vergangenheit für Fehler gemacht wurden.

Sehen wir es einmal so: die Meditation ist ein Grundpfeiler, all das Geschehene wieder gut zu machen, Vergebung auf der Erde walten zu lassen, Frieden mit sich selbst zu schließen und die Vergangenheit das sein zu lassen, was sie ist – vergangen und vorbei.

Wir sollten unsere Lehren daraus ziehen, aber wir sollten die gleichen Fehler nicht immer und immer wieder machen.

Als Menschen sollten wir endlich verstehen, dass wir zwar unterschiedlich sind, aber dennoch Lebewesen, die ein Recht darauf haben, glücklich zu sein.

Ich verstehe, wenn du jetzt, hier an diesem Punkt aussteigst und nicht mehr weiterlesen willst, weil dir das alles zu pathetisch und zu weit hergeholt erscheint.

Aber dennoch bitte ich dich: weite deinen Geist, öffne deine Augen und sieh das Unvorstellbare.

> Sieh eine friedliche Welt auf diesem Planeten.
> Siehe eine tolerante und gleichzeitig sehr differenzierte Welt.
> Lerne zu verstehen, dass du Teil des Ganzen bist.

Du bist wichtig, auch wenn dir bisher immer gesagt wurde, dass ein Einzelner nichts bewirken kann.

Das ist nicht wahr!

Viele Erfindungen und positive Dinge, wurden von Menschen erfunden, die genauso waren wie wir heute.

Ok, sie haben zu anderen Zeiten gelebt, in anderen Welten und doch war ihnen eines gemeinsam, nämlich der Wunsch, die Welt zu einem besseren Ort zu machen, als sie aktuell ist, und die Welt im Sinne und für den Menschen zu begreifen, zu nutzen und zu verstehen.

All das verbindet uns heute mit den Menschen, die schon vor hunderten Jahren Erfindungen gemacht haben, Bücher geschrieben haben und die die Welt mit anderen Augen gesehen haben, sei sie damals auch noch so schrecklich gewesen.

Auch heute sind wir wieder aufgefordert, neue Wege zu gehen und wir haben diesmal Mal ein neues Medium dabei. Wir haben erkannt, was Meditation wirklich ist und wie sie uns dabei helfen kann, die Welt zu einem besseren Ort zu machen.

Dieses Wissen muss weitergeben werden, an alle Menschen dieser Erde. Jeder Mensch trägt in sich ein Licht, ein Strahlen, ein Leuchten, das ursächlich gut und liebevoll ist.

Und dieses Leuchten kann mit Hilfe der Meditation wieder aufgeweckt werden. Es kann wieder leuchten lernen, auch wenn es in uns vielleicht jahrzehntelang geschlafen hat.

Doch was ist mit denen, die nicht lernen wollen, die sich dem Guten nicht öffnen wollen, die einfach immer so weiter machen wollen wie bisher.

Denen kann ich nur sagen, dass es ein »weiter so« NICHT geben wird.

Wir stehen heute am Rande eines Scheideweges. Wir müssen entschieden, was uns als Menschen in Zukunft ausmachen wird. Wir müssen neue Gesetze des Zusammenlebens aufstellen, die den Grundsätzen der Freiheit und der Toleranz genügen können.

Das wird vielen nicht gefallen und doch muss ich hier sagen, dass es keinen anderen Weg gibt, um unseren Planeten zu erhalten.

Die Probleme, die heute auf uns zukommen, sind globale Probleme. Es wird jeder Einzelne von uns gebraucht, um die Menschheit in ihrer Ganzheit zu schützen und ihr Überleben zu sichern.

> Es wird in Zukunft nicht mehr darum gehen, ob ich selbst genug habe, es wird vor allem darum gehen müssen, was bleibt, wenn ich einmal nicht mehr bin.

Was werde ich meinen Nachfahren für eine Welt hinterlassen?

Was habe ich selbst getan, um Frieden und Freiheit zu stiften?

Was habe ich getan, um das Gute auf dieser Welt zu mehren?

Wenn du schon angefangen hast, zu meditieren, dann kannst du sagen, ich habe meditiert, und meinen Geist geöffnet. Ich habe Lösungen gefunden, die nur über das innere Anbinden an die Quelle allen Seins möglich war.

Ich habe dazu beigetragen, dass es noch weiterhin gedruckte (!) Bücher gibt und Orte, an denen das Wissen unserer Vorfahren erhalten geblieben sind. Obwohl heute alles danach aussieht, dass unserer Wissen mit dem Fortschreiten des Internets und der Digitalisierung verschwinden wird. Denn wenn es einmal keine Energie in der jetzigen Form mehr geben wird, dann wird auch alles digitale Wissen verlorengehen. Das Einzige, was bleiben wird, sind Bücher, Steine und materielle Dinge.

Bitte kaufe Bücher und vererbe sie an deine Nachfahren!

Wenn du das alles getan hast, dann danke ich dir dafür und umarme dich!

”

In wahrer Liebe zu dir selbst, wirst du alles erreichen,
was dein Herz sich erträumt.

Mara Thelling

“

Kapitel 5
Höheres Selbst, Selbstliebe und Selbstfindungspraxis

Vielleicht erscheint es dir unlogisch, noch einmal auf sich selbst zurückzukommen und sich selbst einzugestehen, dass man eigentlich noch immer nicht weiß, wer man ist.

Dass man auf seiner Suche immer noch nicht vorangekommen ist, dass man viele Ideale hat und dennoch keines wirklich lebt.

Sei gewiss, es geht vielen Menschen so. Viele Menschen sind jahrelang auf der Suche nach sich selbst, nach ihren Wünschen und Zielen, nach ihren Hoffnungen und nach ihren Stärken.

Sie sind genauso wie du auf einer Reise zu sich selbst.

Vielleicht stimmt es dich versöhnlich, wenn ich dir sage, dass wir unser ganzes Leben lang auf einer Reise zu uns selbst sein mögen, wenn wir nicht irgendwann wirklich verstehen, warum wir geboren wurden und warum wir diesen Planeten gewählt haben, um zu leben.

Wir haben genau diesen Planeten gewählt, um alle Erfahrungen zu machen, die es hier gibt. Wir wollen alles erleben, lieben, Freundschaften pflegen, was auch immer.

Aber es gibt noch einen Grund, warum wir hergekommen sind: wir wollen uns weiterentwickeln. Wir wollen erfahren, was in uns steckt und wozu wir wirklich fähig sind. Wir wollen an unsere Grenzen gehen, wollen Leidenschaften spüren und unsagbares Glück.

Und das alles wird dir auch möglich sein, wenn du erst einmal erkannt hast, was wirklich wichtig für dich ist.

Es ist wichtig, dass du ehrlich zu dir bist, dass du ehrlich zu anderen Menschen bist und dir eingestehst, was du wirklich magst.

Viele von uns leben in Konventionen und in Abhängigkeiten, obwohl es gerade das nicht ist, was wir ursprünglich wollten.

Wenn du noch nicht genau herausgefunden hast, was dir wirklich wichtig ist und wem du wirklich wichtig bist, dann kann ich dir nur eine regelmäßige Meditationspraxis empfehlen, denn um sich selbst zu finden, ist Meditation wirklich der beste Weg.

Dafür braucht es gar nicht viel, denn es gibt so viele verschiedene Formen der Meditation, so dass für dich sicher etwas dabei ist: Atemmeditationen, Geführte Meditationen, Gehmeditationen usw.

Selbst das Schlafen zähle ich mittlerweile zu einer Form der Meditation, wenn du das Träumen mit einberechnest. Denn in deinen Träumen verarbeitest du viele Dinge aus der Vergangenheit deiner Seele und auch schon Dinge, die dir vielleicht zukünftig widerfahren könnten.

Sei gewiss, dass eine intensive Traumarbeit etwas sehr Gutes und nicht zu unterschätzen ist für die spirituelle Weiterentwicklung deiner Seele. Doch auch, wenn du dir bewusst Zeit nimmst, um bewusster zu Schlafen und zu Träumen und vielleicht ein kleines Traumtagebuch zu führen lernst, brauchst du noch eine weitere Form der Meditation.

Denn die Freie Art der Meditation in der 5. Dimension ist es, um die es hier in diesem Buch geht, das bedeutet, die ganz einfache Meditation, das Sitzen (Laufen, Gehen, Stehen …) mit sich selbst, in einer neuen Bewusstseinsebene.

Dieses zur Ruhekommen deiner Körperlichkeit und das zur Ruhekommen deiner Seele meine ich und auch das Öffnen und Erweitern deines Geistes.

Wenn du dir jeden Tag Zeit für dich selbst nimmst, dir Zeit suchst in deinem vollgepackten Alltag, dann tust du dir selbst damit gut und du schaffst damit einen äußerlichen und auch innerlichen Rahmen, in dem sich deine Seele weiter entwickeln kann.

Und, wenn du einmal wirklich täglich eine Weile meditiert hast, werden dir viele Dinge ganz unsinnig vorkommen. Du wirst Dinge hinterfragen, die heute noch deinem Alltag entsprechen. Du wirst alte Wunden bearbeiten und heilen und neue Wege fokussieren.

Wichtig bei deiner aktiven Meditationsarbeit ist, dass alles was IN dir ist, eine Berechtigung hat, dort – in diesem Moment – zu sein. Wut, Trauer und sogar Hass, sind Teile von dir. Sie alle haben ihre Daseinsberechtigung und wollen liebevoll angenommen werden, damit sie sich wieder von dir lösen können.

Es wird darauf ankommen, wie du mit ihnen umgehst. Du darfst sie nicht einsperren und unbeachtet ihr Dasein fristen lassen. Du darfst sie herausholen ohne Wertung und ihren Gefühlen, die sie in dir auslösen, auf den Grund gehen. Denn nichts geschieht ohne Grund, alles hat irgendwie seinen Sinn.

Wenn wir also meditieren und in uns Gefühle und Gedanken emporsteigen, die wir nicht verstehen, dann lass sie einfach kommen, schaue sie dir an und lasse sie weiterziehen. Halte sie auf keinen Fall fest!

Wenn du sie festhältst, wie viele Menschen es täglich tun, dann musst du sie immer und immer wieder herausholen, bis du eines Tages bereit sein wirst, sie wirklich gehen zu lassen. Und das kann manchmal eine wirklich lange Zeit sein. Am besten du fängst gar nicht erst an, materielle Dinge und Erinnerungen festhalten zu wollen, denn so bleibst du selbst am besten im Fluss.

Wenn wir uns nun in diesem Kapitel noch einmal mit uns selbst beschäftigen wollen, dann sollten wir noch ein klein wenig tiefer gehen. Wir sollten tiefer in uns gehen und uns selbst noch besser verstehen lernen.

Vielleicht sollten wir auch unsere Zweifel begraben, unser Misstrauen anderen Menschen gegenüber und ihnen das Vertrauen entgegenbringen, das sie verdienen.

Denn wir vertrauen zu wenig und wir vertrauen uns oft auch selbst nicht. Wenn wir uns nun mit Meditation beschäftigen, dann kann das der Anfang sein, uns selbst wieder mehr zu vertrauen. Dass wir verstehen lernen, dass in uns eine Innere Stimme sitzt, ein Höheres Selbst, welches genau weiß, was gut und richtig für uns ist. Und diese eine Stimme, deine wahre innere Stimme, wird dir niemals etwas Böses wollen.

Um in der Meditation mit ihr Kontakt aufzunehmen, musst du selbst aktiv nichts tun, als zu warten, bis sie sich bei dir meldet. Und das wird sie ganz bestimmt tun, denn sie wartet schon sehr lange darauf, vielleicht sogar schon Jahre.

Und wenn du das, was diese Innere Stimme zu dir sagt, dann auch noch in Beziehung zu dir selbst setzt und du darüber nachzudenken beginnst, dann wirst du wieder wirklich frei sein.

Wenn du wieder mehr in dich gehen kannst, und deine Innere Wahrheit verstehen lernst, deine wirkliche innere Wahrheit, dann wirst du auch genau wissen, was dein nächster Schritt ist.

Dass das nicht immer einfach ist, verstehe ich, aber dass du es gar nicht erst versucht hast, bis jetzt zumindest, das verstehe ich nicht.

Ich kann nicht verstehen, warum du zuerst Freunde und Familienangehörige fragst oder manchmal sogar Fremde, wenn du zu einem Coaching oder einer Beratung gehst, bevor du erst einmal in die Meditation gehst und dich und dein Höheres Selbst befragst.

Denn das ist auch etwas, was du in der Meditation machen kannst.

Du kannst dir, bevor du in deine tägliche Meditationsübung gehst, einen Zettel schreiben mit einer für dich im Moment wichtigen Frage. Lege dir auch noch Schreibzeug bereit, damit du am Ende deiner Meditation alles aufschreiben kannst.

Du wirst diese Frage im Laufe der Meditation an dein Höheres Selbst übergeben und du wirst warten, welche Antwort auf diese, deine Frage, in dir emporsteigen wird.

Diese Vorgehensweise, bei wirklich wichtigen Dingen oder bei ganz alltäglichen stellt sicher, dass du wirklich im Einklang mit dir selbst handelst und dich nicht von anderen Menschen um dich herum negativ beeinflussen oder sogar manipulieren lässt, denn dein Höheres Selbst, deine wahre Innere Stimme, wird dich niemals belügen.

Sie wird dir immer die Antwort geben, die du tief in dir trägst und die im jetzigen Moment deines Daseins genau richtig und wichtig für dich ist.

Du kannst deiner Inneren Stimme wirklich absolut vertrauen, denn sie ist nicht manipulierbar.

Sie hat auch keine Ängste, denn sie ruht völlig in sich selbst und ist an die Quelle jeden Seins angebunden.

Lass uns jetzt eine Übung machen.

Schreibe dir eine wichtige Frage, die dich gerade beschäftigt, auf einen Zettel und probiere aus, was ich dir gerade erzählt habe.

Was wird geschehen?

Du wirst eine Antwort erhalten!

Probiere es aus!

Affirmationen und Mantren

Ich möchte in diesem Kapitel noch etwas mit dir besprechen, nämlich die meditativen Worte, oder anders ausgedrückt, die Affirmationen oder Mantren.

Sie sind genau dafür da, damit du dich immer wieder selbst motivieren kannst, du dir selbst Mut machen kannst.

Wenn du meditative Worte mit in deine Meditationspraxis nimmst, dann kann dich das sehr stark machen.

Wenn du dir zum Beispiel sagst, »Ich habe die Macht, mein Leben zu gestalten« (so wie der Titel eines meiner Bücher), dann sind das meditative Worte, die dich innerlich immer wieder bestärken, bei dem, was du tun kannst.

Oder eines meiner Lieblingsmantras ist

»Ich bin flexibel und beweglich.«

Genau diese Worte fallen mir immer wieder ein, wenn ich ganz und gar nicht beweglich bin, wenn mir etwas großen Stress bereitet und ich erstarre. Dann sage ich regelmäßig zu mir »Ich bin flexibel und beweglich«. Damit öffnet sich tatsächlich in mir eine innere Tür, die Beweglichkeit zulässt und mir meine Angst nimmt.

Ängste hinterfragen

Auch beim Thema Angst ist eine Meditationspraxis von großer Bedeutung. Wenn du vor etwas große Angst oder ein Problem hast, dann nimmst du diese Ängste ebenso wie eine Frage mit in deine Meditationspraxis und fragst, was dich bedrückt und woher diese Ängste tatsächlich kommen. Oft ist alles so, wie es gerade nicht erscheint.

> Wir müssen lernen hinter die Dinge zu schauen und alles zu hinterfragen.

Meditation kann dir also helfen auf dem Weg zu dir selbst und auf deinem Weg zu mehr gelebter Selbstliebe. Sie kann dir helfen, dich wieder ganz und eins mit dir zu fühlen und sie kann dir helfen, dich wiederzufinden, wenn du einmal nicht mehr weiterweißt.

Meditation ist der beste Freund und Begleiter auf deinem Weg zu dir selbst.

Bitte beachte jedoch noch einmal, dass Meditation dich verändern wird. Das habe ich dir schon in anderen Büchern erklärt und muss es hier erneut anbringen.

Wir leben aktuell in einer Welt, in der die Beeinflussung durch andere (Medien, Menschen usw.) allgegenwärtig geworden ist, wo Menschen ihren Geist nicht mehr frei benutzen können oder sollen. Und nun fängst ausgerechnet DU an, dir darüber Gedanken zu machen und zu meditieren.

Gerade du, der bisher nirgendwo aufgefallen ist, gerade du, der immer aus der Reihe tanzt, gerade du, welcher große Träume hat oder der überhaupt nicht weiß, wo sein Weg ist.

Ja, gerade für dich ist Meditation der Weg zu dir selbst.

Gerade für dich ist Meditation die Antwort auf alle deine Fragen.

Gerade für dich ist Meditation das Heilmittel schlechthin.

Und wenn du begonnen hast zu meditieren, wirst du dich entwickeln. Und Entwicklung heißt nun einmal auch Veränderung. Und diese Veränderung ist zwar bei dir erwünscht, wird aber nicht von allen um dich herum so wohlwollend wahrgenommen werden.

Wir haben uns alle so daran gewöhnt, von anderen beeinflusst zu werden, sich an irgendwelche Regeln zu halten, die wir weder verstanden noch für gut befunden haben, dass wir jetzt – und gerade jetzt – stark sein müssen.

Denn wir werden kritisiert werden für das was wir tun. Und wir werden kritisiert werden für das, was wir nicht tun. Und wir werden kritisiert werden für das, was Meditation bei uns und in der Welt bewirken könnte.

Viele Menschen leben davon, dass andere sich in ihrer Abhängigkeit befinden, warum sollten gerade jene es also gut heißen, wenn du nun in Freiheit und insbesondere in einer Freiheit des Geistes und deiner Gedanken leben willst, wenn du wieder klar denken und handeln willst.

Viele unserer heutigen Strukturen basieren auf Abhängigkeiten, auf Unwissen, auf Ausbeutung und ja … auch auf Sklaverei.

Es wird jenen nicht gefallen, wenn du dich dafür nicht mehr zur Verfügung stellst und du wieder anfängst, für dich selbst Verantwortung zu übernehmen, wenn du anfängst ihre Regeln zu hinterfragen. Und genau DAS ist es, was DU tun wirst, wenn du erst einmal mit der Meditation begonnen hast.

Wenn wir ehrlich mit uns selbst sind, dann ist Meditation genau das, wonach wir schon lange gesucht haben. Wir müssen es nur erkennen lernen und wir müssen verstehen, dass es eben nicht allen gefallen wird, wenn wir wieder frei sein wollen.

Doch das ist uns egal!

> Es ist Zeit für neue Wege.
> Es ist Zeit für eine neue Zukunft.
> Es ist Zeit für eine neue Welt.

Jetzt, in diesem Moment, hier entsteht sie, diese neue, liebevollere Zukunft, weil Menschen sich bewusst dafür entscheiden, einen anderen Weg zu gehen, und weil sie ihren eigenen Gefühlen und Gedanken wieder vertrauen.

Weil sie sich aus alten Abhängigkeiten lösen werden und lösen wollen.

Noch immer klingt das alles wie eine ferne Utopie, obwohl die Zukunft jeden Tag von Neuem beginnt.

Du kannst dich heute entscheiden, etwas dazu beizutragen oder eben auch nicht. Das liegt ganz bei dir und ist deine Entscheidung.

Und egal, wie du dich entscheidest, es wird für DICH die richtige Entscheidung sein, dieses Mal zumindest.

”

Eine Welt, die in der Meditation vereint ist,
wird auch vereint sein in allen Dingen,
die das Leben ausmachen.

Mara Thelling

“

Kapitel 6
Alles ist eins: Die Weltenmeditation

Im Inneren seiner Seele zu sein heißt, sich ganz besonders innig und intensiv mit sich selbst auseinandersetzen zu können. Es ist eine tiefe Form der Selbstliebe.

Diese Liebe, die du in dir trägst, kannst du nun wieder leben, aus dir heraus strahlen lassen, wenn du erst einmal auf den Grund deiner Seele gelangt bist.

Doch wo finden wir diesen Grund der Seele und was heißt es hier wirklich, Dingen auf den Grund zu gehen?

Es heißt, sich zum Beispiel auch die Welt der aktuellen Meditation einmal genauer anzuschauen und zu hinterfragen.

Die Meditation hat eine sehr lange Tradition. Und deshalb finden wir auch in der heutigen Meditationspraxis sehr viele Traditionslinien aus den vielfältigsten Kulturen.

Doch, denken wir daran, die Meditation war auch schon immer Teil der westlichen Welt. Sie wurde da nur anders bezeichnet. Meditation wurde etwa charakterisiert als meditatives Gebet oder als Weg der Kontemplation, oder als Zeit der Stille im Kloster, als christliche Meditation, als anthroposophische Meditation usw. …

Sie war und ist verbunden mit Gott, Jesus, Mutter Maria, verschiedenen Heiligen, mit Gebeten, Stille, Gesängen und Chorälen, dem Höheren Selbst, dem Universum usw.

Doch immer ist es das Gleiche, egal wie wir die Meditation auch nennen wollen, egal, was wir auch mit Meditation bewirken wollen.

> Wir wollen mehr über unser Sein erfahren. Wir sind auf einem spirituellen Weg, auf der Suche nach Gott, einem universellen Wesen, oder dem kosmischen Gedanken, der uns führt und Halt in unserem Dasein gibt. Wir sind auf der Suche nach Hoffnung und der Unvergänglichkeit.

Wir sind auf der Suche ... nach uns selbst

Das kennzeichnet jeden Weg des Menschen, der sich in die Meditation begeben will und/oder sich vor vielen Jahren in die Meditation begeben hat.

Doch heute müssen wir feststellen, dass es immer noch viel zu wenige Menschen sind, die sich dieser Weisheit öffnen. Viele andere Menschen wiederum halten an Traditionen fest, die schon lange nicht mehr die ihrigen sind, weil sie einfach in eine andere Zeit (in ein anderes Jahrzehnt) oder in eine andere Entwicklungsepoche gehören.

Ich will damit nicht ausdrücken, dass solch Meditationsrichtungen, die sich nicht weiterentwickelt haben, keine Gültigkeit mehr besitzen. Aber ich will sagen, dass sich Meditation in all den Jahren und Jahrhunderten immer wieder verändert und weiterentwickelt und sie sich immer wieder an das Leben der Menschen angepasst hat. Gerade deshalb sind auch immer wieder neue Meditationsformen entstanden.

> Der menschliche Geist hat sich verändert und in der Form, wie er sich verändert hat, muss sich auch die Meditation, als Mittel, den Geist zu befreien, verändern.

Und, so ist es auch heute wieder einmal Zeit, die Meditation in ihrer Gesamtheit auf den Prüfstand zu stellen, sie damit auf ein neues Level zu heben, denn der Mensch (die Menschheit) hat sich in den letzten Jahrzehnten in seinem innersten Wesen enorm weiterentwickelt.

Doch leider heißt das dennoch (bisher) nicht, dass die Menschheit klüger und insgesamt bewusster geworden wäre, dass sie achtsamer mit ihren Mitmenschen und der Umwelt umgehen würde oder mit sich selbst. Denn es meditieren einfach zu wenige Menschen – immer noch. Meditation war oft einer Art Elite vorenthalten, die daraus ein ganz großes Geheimnis gemacht hat.

> Meditation ist kein Geheimnis.
> Sie ist kein Geheimnis mehr.

Heute kann jeder Mensch sich der Meditation widmen und frei entscheiden, was er denken und welcher Form von Meditation er sich zuwenden möchte.

Die Meditation ist gemeinsam mit den Menschen auf einer Entwicklungsstufe angekommen, wo sie von jedermann praktiziert werden kann, zu den unterschiedlichsten Zwecken.

Der eine meditiert, um mehr Ruhe zu finden, der Nächste sucht die Nähe zu Gott oder der Quelle allen Seins selbst. Der nächste möchte gern in einem Kreis von Menschen sein, die sich gegenseitig respektieren und achten, wiederum der nächste möchte mit Hilfe der Meditation unerschöpfliche Kreativität finden und so weiter und so weiter.

Es gibt heute so viele Arten und Formen der Meditation, die zu so unterschiedlichen Zwecken verwendet werden, dass es fast schon unübersichtlich geworden ist.

Es gibt Geführte Meditationen, Gechannelte Meditationen, es gibt Gebete, es gibt Yoga Meditationen, christliche Meditationen, Buddhistische Meditationen usw. … Meditationen in all ihrer Vielfalt, auf der ganzen Welt.

Es gibt eine Weltenmeditation – es gibt EINE Meditationswelt!

> Alle Meditationsformen haben ein und dasselbe Ziel: Frieden, wirklichen inneren und äußeren Frieden, Glück und Wohlergehen, Hilfe bei Problemen, suche nach Heilung, Achtsamkeit und Beständigkeit und noch viel mehr.

Das verbindet alle Meditierenden, alle Menschen, die meditieren auf der ganzen Welt!

> Wir Menschen sind auf der Welt mittels der MEDITATION verbunden!

Wir sollten uns in erster Linie daran erinnern, dass alle Meditierenden auf der ganzen Welt vereinigt sind, egal welcher Meditations-Schule sie angehören. Jeder ist so frei, die Schule zu wählen, die er für sich für geeignet hält. Jeder darf sich individuell der Meditation widmen. Jeder ist so frei.

Es gibt da kein richtig oder falsch, nicht mehr!

Wir sind alle auf dem Weg zum gleichen Ziel, jedoch auf so unterschiedlichen Wegen, die alle für sich genommen, für denjenigen der diesen Weg geht, immer richtig sind.

Immer wenn du das Gefühl hast, dass eine gewisse Form der Meditation der richtige Weg ist für dich, dann ist er dies auch, zumindest eine Zeit lang.

Lege dich nicht zu früh auf eine Form oder Art (Schule) der Meditation fest, denn wisse: es gibt so viele Formen und Möglichkeiten, sich in die Meditation zu begeben!

Für jeden ist das Richtige dabei. Doch ich distanziere mich auch davon, dass man sagt, dass Meditation heutzutage beliebig geworden ist.

Das ist sie ganz und gar nicht!

Sie hat sich einfach nur an die heutige Zeit und die vielen verschiedenen Menschen und Kulturen angepasst.

Wichtig ist nur, dass auch die Meditierenden verstehen, dass der Weg, den sie gehen, nur ein möglicher Weg von so vielen Wegen der Meditation ist.

Das wird leider oft vergessen und es werden immer und immer wieder viele und neue Regeln aufgestellt, und es wird die ursprüngliche Freiheit der Meditation vergessen.

Doch, wenn wir uns regelmäßig bewusst machen, dass wir es sind, die der Meditationspraxis von heute ihren Rahmen geben, dann wird uns auch klar werden, dass wir es sind, die heute meditieren und die den Rahmen für zukünftige Generationen in diesem Bereich festlegen.

Meditation wird es immer in irgendeiner Form geben. Und es ist gut so wie es ist.

> Lassen wir die Meditation so frei, wie sie ursprünglich sein wollte und hören wir auf, anderen vorzuschreiben, wie Meditation zu sein hat.

Man kann natürlich Meditation praktizieren im Stil von diesem oder jenem Guru. Ok, das ist kein Problem.

Ein Problem gibt es nur, wenn du sagst, dass dies die einzig mögliche Meditationsform ist, die den Weg in die Erlösung von Problemen und in die Erleuchtung führt.

Denn das ist falsch!

Jede Form von Meditation ist richtig, so lange sie dir guttut und dich DU selbst sein lässt.

Wenn ein Meditationslehrer anfängt, dich in eine autoritäre Form der Meditation zu pressen, die sagt, du musst diese oder jene Kleidung tragen oder du musst diese oder jede Übung genau so und nicht anders machen, dann entsteht eine Meditationsarmee, eine Meditationsdiktatur (so hart das jetzt klingen mag), die entschieden abgelehnt werden muss.

Dann verlässt du den Boden der Freiheit und dann wird Meditation ein Mittel der Indoktrination. Ein Mittel der Gewalt und vielleicht sogar ein Mittel der Unterdrückung.

Dann kann selbst etwas so Gutes und Positives wie die Meditation in etwas Negatives verwandelt werden.

Etwas, was zunächst gut gemeint war und zur Freiheit bestimmt und zum Frieden, wird dann auf einmal – durch einzelne Personen – zu etwas, was genau dem widerspricht, was Meditation ursprünglich wollte: nämlich Freiheit.

> Bleibe immer auf deinem eigenen inneren Weg der Freiheit!

Pass also unbedingt auf, wie sehr du dich auf etwas einlässt und denke daran, dass Zwang zu irgendetwas, niemals (!) mit den Grundsätzen der Freiheit und der Meditation einhergehen.

Nun wollen wir uns noch etwas ansehen, was dir sicher auch schon aufgefallen ist, etwas, das mir immer wieder in der Meditationsszene begegnet und was ich sehr bedenklich finde und deshalb hier erwähnen möchte.

Wie kann es sein, dass in einem Meditationskurs von einem Lehrer von Freiheit gesprochen und doch genau das Gegenteil davon getan wird?

Doch, das ist nichts Ungewöhnliches, und es ist im Laufe der Geschichte schon oft passiert. Es wurde etwas erfunden (gefunden) mit einem guten Gedanken und in Anbindung an die Quelle allen Seins, was dann durch den menschlichen Einfluss zu etwas Zerstörerischen wurde.

Damit dies der Meditation nicht länger passiert, müssen wir alle wachsam sein und wieder anfangen, Dinge zu hinterfragen.

Dazu müssen wir auch die Menschen hinterfragen, die Meditation praktizieren und sich als neue »Gurus« vorstellen.

Wir sollten uns fragen, aus welchem Beweggrund sie etwas machen!

Warum bezeichnen sie sich selbst als Guru, weil es sich besser vermarkten lässt oder weil sie wirklich mit der Quelle allen Seins verbunden sind?

Ich kann dir nur empfehlen mit deinem Herzen zu sehen und die Herzen der anderen Menschen wahrzunehmen. Und dort, wo du Liebe siehst und Verständnis und Toleranz, da ist ein wirklicher Guru.

Wo du Ego siehst, Vermarktung und das Verlangen nach viel Geld, wo du extremes Übertreiben findest und wo das Maß verloren gegangen, da sitzt kein Guru, sondern ein normaler Mensch, der sich zu etwas macht, was er nicht ist.

Und das ist in unserer Welt schon so normal geworden, dass es uns immer schwerer fällt, es zu erkennen. Und wenn wir es erkannt haben, dann fällt es uns immer noch schwer, es zu glauben, es fällt schwer sich einzugestehen, dass man sich hat täuschen lassen.

Viele kennen die heutigen Meditationsformen, wie sie in Firmen von Seminaren usw. angeboten werden.

Mache dir bitte die Mühe und steige hinab in die Vergangenheit, in die Zeit, als diese oder jene Meditationsform geboren wurde. Erinnere dich an ihre Urväter und Mütter, die mit der Quelle allen Seins verbunden waren. Und dann schaue dir an, was aus den ursprünglichen Gedanken geworden ist.

Ist es wirklich das, was ein weiser Guru, der an die Quelle angebunden war, einmal wollte?

Oder ist daraus etwas entstanden, unter dem Einfluss normaler Menschen, unter dem Einfluss von Ego und von Machtgedanken, was heute gar nicht mehr die ursprüngliche Weisheit in sich trägt.

> Die Meditation ist frei, so frei wie wir sie lassen.

Bedenke das, wenn du auf deine Suche gehst.

Und am besten beginnst du das Meditieren erst einmal bei dir selbst, zu Hause, dort wo du gerade bist, mit den Rahmenbedingungen, die du aktuell hast, mit der Person, die du heute nun einmal bist.

”

Wo Meditation ist, ist Frieden, und wo Frieden gelebt wird, kann Heilung einziehen.

Mara Thelling

“

Kapitel 7
Impulse zur meditativen Selbstheilung

Höre deinen Wunden zu

In diesem Kapitel wollen wir uns mit unseren Wunden beschäftigen und mit der Frage, wie Meditation uns dabei helfen kann, die inneren Wunden unserer Seele und die Wunden unseres Körpers zu heilen.

Ist das überhaupt möglich, dass Meditation solch eine Kraft zur inneren und äußeren Verwandlung in sich trägt?

Hier kann ich dir nur antworten, ja es ist möglich und schon tausendfach bewiesen.

Der Glaube an etwas und das Vertrauen darin, kann Berge versetzen und macht das Unmögliche möglich. Und mit der Meditation ist es nicht anders.

> Meditation ist ein Weg, deinen Glauben in dich selbst und in deine dir innewohnenden Kräfte zu schulen, und um deine geistigen Kräfte in deinen Körper und in deine Seele strahlen zu lassen.

Doch Meditation kann noch mehr. Sie kann dich bei dem Weg und bei deiner Suche nach innerer Heilung so sehr unterstützen, dass du tatsächlich eine Form der inneren und äußeren Heilung erfährst.

> Diese Heilung ist ein Geschenk an dich, weil du dich selbst hingibst, in eine Form der Erneuerung und des Neu Beginnens.

Du lässt alte Dinge los und beginnst von vorn. Damit können sich in deinem Inneren alle Türen der Heilung öffnen und du kannst endlich zu der Person werden, die du sein möchtest und wirklich bist.

Du kannst in die Meditation gehen und dich fragen, warum du nicht schon eher Veränderungen in deinem Leben vorgenommen hast. Und du darfst dir selbst verzeihen, dass du es einfach nicht sehen konntest und dir selbst sagen, dass du heute bereit bist, diesen neuen Weg zu gehen.

Dieser Weg ist nicht immer einfach, auch mit Hilfe der Meditation nicht. Denn er verlangt nach Ehrlichkeit zu sich selbst.

a) Befrage deine inneren Wunden

Wenn du dich aufmachst, mit Hilfe der Meditation deinen Wunden zuzuhören und sie in einer Meditationssitzung fragst, was sie dir sagen möchte, dann höre ihr genau zu.

Bitte lege dir ein Blatt Papier bereit, so dass du dir am Ende dieses inneren Gespräches einige Notizen machen kannst. Das ist absolut wichtig, weil wir so schnell vergessen.

Ich finde es auch immer gut, wenn du deine Frage(n) bereits auf ein Kärtchen geschrieben hast, also in gewisser Weise materialisiert hast, und du somit freier und entspannter in das Meditations-Gespräch mit dir selbst gehen kannst.

b) Meditation mit Klang und Kristallen

Vor einigen Jahren hatte ich einen 70 prozentigen Hörverlust auf einem Ohr. Ich ging zum Facharzt. Er nahm viele Untersuchungen und Tests vor. Doch leider konnte er mir nicht helfen und es wurde nicht besser.

In der Meditation begann ich dann zu fragen, was es mit dieser Erkrankung auf sich hat und wie ich Heilung finden könne.

Ich habe so viele Dinge über mich selbst erfahren und Impulse zum Nachdenken erhalten, die ich dann für mich innerlich bearbeitet habe.

Dazu erfuhr ich, dass ich mehr mit meinen Chakren arbeiten und mich mit dem Thema Sound-Healing und mit Kristallen (Heilsteinen) beschäftigen solle.

Ich habe mir dann eine Klangschale gekauft, die genau für den Chakra Ohr-Bereich gestimmt war.

Jeden Tag habe ich meditiert, meine Wunde (also mein krankes Ohr) danach befragt, was es eigentlich möchte. Dazu habe ich den Klang dieses einen Tones der Klangschale auf mich wirken lassen.

Die Klangschale, die ich verwendet habe, ist eine Kristallklangschale, die einen besonders intensiven Ton aufweist.

Was ich dir eigentlich mit dieser Geschichte sagen will ist, dass es sich lohnt, unkonventionelle Wege der Heilung zu gehen, denn deine Wunde möchte dir etwas erzählen, was du so lange nicht hören wolltest und ignoriert hast.

Hinzu kommt, dass du die Informationen zu deiner Heilung bereits in dir trägst. Da ich zum Beispiel einen deutlichen Bezug zu Klängen und Musik habe, sind meine Heilungsansätze auch oft mit diesen Medien verbunden. Der schwingende Ton einer einzelnen Klangschale und eine intensive Meditationspraxis konnten mein aus dem Gleichgewicht geratenes Sein wieder harmonisieren und heilen.

Da ich ebenso einen sehr deutlichen Bezug zu Kristallen habe, nutze ich auch diese in der Meditation, um eine starke Verbindung zu meinem Höheren Selbst oder zur Quelle allen Seins aufzubauen.

Kristalle haben die wunderbare Eigenschaft Schwingungen zu verstärken und wenn man sie bittet (das klingt jetzt komisch) Schwingungen und Energien aufzunehmen, die man in sich trägt und die eine Erkrankung begünstigt haben, so nehmen sie diese Energien auf und helfen einem, wieder gesund zu werden. Man kann also niedrigschwingende Energien in die Kristalle ableiten.

Ich nutze sehr gerne Bergkristalle (klare, reinigende und klärende Energie) oder Rosenquarz (umhüllende, beschützende, liebevolle Energie) in meinen Meditationen, um die verschiedensten Wirkungen zu erzielen. Dazu lege ich in jede Hand einen Kristall und meditiere mit ihnen.

Solch eine Kristall-Meditation findest du auf meinem Youtube-Channel. Schau doch gern einmal vorbei. Hier erkläre ich dir auch persönlich noch einmal, wie du mit Kristallen oder auch mit Healing Sound meditieren kannst.

Das ist für jeden möglich und ich denke, wenn du den Zugang dazu findest, einen Versuch wert.

Vielleicht ist es genau das, was dir noch gefehlt hat, um zu verstehen, warum du jetzt auf diesem Weg der inneren Heilung gehst oder du kannst dich endlich daran erinnern, was eigentlich das Ganze ausgelöst hat.

Bitte lass dir in jedem Fall viel Zeit, um zu meditieren. Manchmal reicht es aus, ein paar wenige Impulse zu setzen, und dann läuft alles, wie von allein.

Lass dich also nicht verunsichern und davon abhalten, es selbst einmal zu probieren.

c) Meditation, um deine Heilungsworte zu finden

Tief in dir drin, warten sie auf dich, die Worte deiner inneren Heilung. Und schon, wenn du das hier liest, werden wahrscheinlich Worte in deinen Gedanken, im inneren deiner Seele aufsteigen, die dir helfen wollen.

Doch du kannst dir für das Finden deiner Heilungsworte auch etwas Zeit geben. Du kannst dich ausruhen und dich dann in eine Meditationssitzung mit dir selbst begeben.

Frage nach deinen Worten der Heilung.

Am besten, du sagst folgende Worte: Mögen heute die Worte meiner Heilung zu mir kommen.

Warte einfach einmal ab, welche Worte zu dir kommen.

Wenn du tief einatmest und in deinen Gedanken deine Frage nach deinen Heilungsworten stellt, dann wirst du merken, dass du tief und entspannt einatmen wirst, wenn sie zu dir kommen.

> Der Atem wird dir anzeigen, dass dies deine Worte der Heilung sind. Es wird sich gut anfühlen und tief in dir wirst du spüren, dass es die richtigen Worte sind.

Sie waren schon die ganze Zeit da und haben nur darauf gewartet, dass du sie herauslässt.

Doch was ist, wenn du in dir einfach nichts wahrnehmen kannst, was tust du dann?

Dann kann ich dir sagen, dass in der Stille deine Heilungsworte wohnen und du noch einen kleinen Umweg gehen musst. Du musst dich darauf einstellen, dass es noch ein paar Tage dauern kann, bis die Worte zu dir kommen.

Das Allerwichtigste ist, dass du in eine Form der Entspannung kommst, und dein Geist zur Ruhe kommen kann.

Hier ist es nun wichtig, dass du deinen Geist kreisen lässt und du verstehen lernst, dass du die Antworten auf deine Fragen auf jeden Fall bereits in dir trägst.

Wenn du eben jetzt noch keine Antwort hören kannst, dann hat auch das seinen Sinn.

Du darfst dich selbst fragen, was es ist, was dich aktuell blockiert, dass du mit dir selbst nicht in Kontakt treten kannst?

Sind es Ängste, sind es Konventionen, sind es Erinnerungen aus vergangenen Tagen?

Zuerst einmal müssen wir uns diesen Fragen stellen, bis wir dann auf einmal tief in unserem inneren unsere Heilungsworte finden werden.

Doch wisse, viele Menschen finden auf Anhieb ihre Heilungsworte. Und wenn du etwas länger benötigst, dann ist das okay, denn du bist in Ordnung mit all deine Wunden und Wundern.

d) Meditative Tätigkeiten

Frage dich, was du besonders gerne machst, denn auch hier kann eine Art meditative Stimmung entstehen, eine Art Flow beim Malen oder Zeichnen oder Singen oder Schwimmen.

Wenn du dich erinnert hast, was es ist, was deine Seele zum Klingen bringt und dich wieder mit dir selbst verbinden lässt, dann nimm diese Frage nach deinen Heilungsworten mit in diese meditativen Tätigkeiten, mit in deinen Malkurs oder deine ganz persönliche Malstunde, in deine Gesangsstunde mit dir selbst.

Du solltest allein sein und dich mit diesem Thema beschäftigen können, denn in dir wohnt bereits die Antwort.

Du benötigst also einfach ein wenig Zeit für dich.

Bitte beachte noch, dass es nichts nützt, deinen Gesanglehrer zu fragen oder deinen Malkursleiter. Sie werden dir nicht helfen können, denn nur du selbst vermagst es zu tun.

Eine andere Möglichkeit ist, in die Stille zu gehen. Fange an, dir wieder selbst zuzuhören, dann werden auch die Heilungsworte zu dir kommen.

Zu meditieren, um wieder mit sich selbst in Verbindung zu treten, ist ganz einfach, denn Meditation ist noch viel mehr als still zu sitzen und seinen Gedanken zu folgen.

Es gibt sehr viele meditative Tätigkeiten, die deinen Geist befreien und ihn in einen Zustand der meditativen Entspannung versetzen, wenn auch manchmal nur für einen kurzen Moment.

Doch dieser eine Moment reicht schon manchmal aus, um die Lösung für ein Problem zu finden und sich wieder mit sich selbst zu verbinden.

Dieser eine Moment ist es manchmal, der Heilung bringen kann.

Dieser meditative Moment, den wir ersehnen, ist so etwas von kostbar, und ist meist sehr einfach herzustellen, selbst wenn wir immerzu unterwegs sind oder arbeiten oder was auch immer.

Immer wird es Momente geben, in denen dein Geist zur Ruhe kommt, wenn du während einer Busfahrt aus dem Fenster siehst und die Wolken beobachtest, wenn du in der Küche abwäschst oder Kartoffeln schälst, beim Autofahren oder kurz bevor du einschläfst.

Jeder Moment der meditativen Ruhe kann, wenn du ihn intensiv erlebst und wahrzunehmen vermagst, Impulse zu deiner Selbst-Heilung senden.

> Denn Meditation ist Heilung an sich.

Und Heilung ist durch Meditation möglich.

Lass uns nun noch etwas tiefer einsteigen und uns damit beschäftigen, wie Meditation deine (Selbst-) Heilung unterstützen kann.

Achte auf das richtige Maß

a) Rahmenbedingungen

Wie wir bereits gesehen haben, ist es notwendig, erst einmal wieder zu sich selbst zu finden. Und der Weg in die Stille und in die Meditation kann ein guter Schritt in diese Richtung sein.

Nun wollen wir uns noch damit beschäftigen, dass Meditation in jeder ihrer praktizierten Formen Heilung bringen kann.

Doch was ist, wenn dich aktuell tiefe Wunden erdrücken: seelische oder körperliche Qualen, die du nun mit Hilfe der Meditation bearbeiten möchtest?

Ich kann dir sagen, dass Meditation ein sehr guter Weg ist, um mit Hilfe deines Geistes viel Stagnation in dir aufzulösen, die allzu oft Grundlage von Erkrankungen sein kann.

Dadurch wirst du in der Lage sein, deine Energien besser zu nutzen. Denke immer daran – alles ist Energie und du bist mit Energie durchdrungen. Du bist ein energetisches Wesen!

Und so wird es auch möglich, dass sich Energien, welche in Stagnation verharren und die sich nun in deinem äußerlichen Wesen als Erkrankung manifestiert haben, wieder auflösen und heilen.

Die energetische Form der Heilung wird immer noch von vielen Menschen belächelt, obwohl jene genau wissen, was der Geist in anderen Bereichen alles leisten zu vermag, vor allem mit Hilfe von Motivation, Liebe und Hingabe.

Um welche Kraft größer wird der Heilungseffekt in seiner Wirkung sein, wenn du lernst, deine geistigen Kräfte, die jeder Mensch auf dieser Erde besitzt (auch du!), sorgsam und ganz bewusst einzusetzen.

Wenn du lernst, deinen Geist zu steuern, in einer Form der Bewusstwerdung und der Konzentration, die du bisher für unmöglich gehalten hast, dann bist du in der Lage, dein Leben in seiner inneren und äußeren Form durch Manifestation so zu heilen, dass es dir wieder besser geht.

In der Meditation ist es darüber hinaus möglich, bestimmte Elemente, die schädlich für dich sind, an eine universelle Lebenskraft, an die Quelle allen Seins oder an Gott abzugeben.

Wenn du in der Lage bist wahrzunehmen, dass du Hilfe hast, von geistigen Wesen (Engeln, Wesenheiten, Mächten, Mutter Maria) und kosmischen Kräften, die du vielleicht nur erahnen kannst, dann kannst du in der Meditation diese Wesen und Kräfte um Hilfe bitten. Du kannst ins innere Gebet (Zwiegespräch) mit ihnen gehen und du kannst dir helfen lassen.

Du brauchst deine Heilungsarbeit und Lernarbeit also nicht allein leisten. Du hast ganz viele Helfer!

Dazu bist du auch noch immer in einem unsichtbaren Band mit deinen Vorfahren (Ahnen) verbunden. Frage sie in der Meditation, was sie dir raten können.

> Noch immer bist auch du ein Wesen, was aus universellen Kräften schöpft und welches mit der Quelle allen Seins verbunden ist. Noch immer bist du ein lernendes Wesen, was sich Hilfe holen kann, auch in der irdischen Welt (deinem normalen Lebensumfeld).

Wenn du also allein nicht weiterweißt, dann besuche einen freien Mediationskurs, aber wie gesagt, versuche es mit der Meditation zunächst allein, mit deiner individuellen Meditationspraxis.

Wenn du diese ausprobiert hast und du dennoch nicht mehr weiterweißt, dann hole dir Hilfe von den Menschen, die du magst und schätzt und von denen du weißt, dass sie einen ähnlichen Heilungsweg bereits gegangen sind.

Lass dir keinerlei Ratschläge von Leuten geben, die dir energetisch nicht guttun!

Was ich damit meine?

In deinem Umfeld sind viele Menschen, die dir deine Energie absaugen und die dich klein machen wollen. Warum sollten gerade jene dir helfen können, dass du wieder gesund wirst? Sie haben nur ihre eigenen Erfahrungen, die sie auf dich übertragen wollen.

Du aber benötigst deine eigenen Erfahrungen, die du alle schon in dir trägst.

> Deine Seele, ist viel älter als du denkst und in ihr wohnt auch dein Heilungsplan.

Wenn du also nicht mehr weiterweißt, gehe immer zunächst in die Stille, in deine innere Welt und nutze die Meditation so, wie ich es dir in den letzten Kapiteln beschrieben habe.

Verzweifle nicht, denn in dir wohnt deine Heilung!

Du trägst sie die ganze Zeit in dir!

> Wenn du verstanden hast, was deine Seele dir sagen will, dann wirst du auch ganz genau wissen, was dich wieder EINS machen wird.

Dafür benötigst du keine gut gemeinten Ratschläge.

Lass dich jedoch unterstützen, von Menschen und Ärzten, die sich Zeit für dich und deine Wunden nehmen. Hinterfrage alles und suche nach alternativen Lösungen.

Und meditiere täglich mehrere Stunden lang!

Nutze die Energie der aufgehenden und untergehenden Sonne und die Kraft des Mondes, um dich wieder in Einklang mit dir selbst zu bringen.

Meditiere ganz bewusst täglich und ganz intensiv zu diesen Tages- und Nachtzeiten, so lange es sich gut für dich anfühlt.

Dazu möchte ich dir noch einen weiteren Hinweis geben.

b) New Qi Gong Meditation

> Qi Gong ist eine Form der energetischen Heilung, die dein Gleichgewicht wiederherzustellen vermag. Es ist eine besondere Form der Energieheilung und der Meditation.

Beschäftige dich mit Qi Gong. Es ist eine alte Form der meditativen Heilung, die nichts an ihrer Aktualität verloren hat.

Heute jedoch verstärkt sich die Wirkung von Qi Gong enorm, da wir Menschen uns selbst energisch sehr verändern und sich unsere energetische Schwingung in Richtung 5. Dimension erhöht.

Im Gegensatz zu einigen Yoga-Formen ist achtsames Qi Gong für jeden sofort geeignet. Du musst nicht erst noch 20 Kilogramm abnehmen, damit du die Übungen angenehm, elegant und bequem ausführen kannst. Du kannst sofort beginnen!

Schon nach wenigen Übungseinheiten wirst du die Wirkung, die Qi Gong auf dein Wohlbefinden hat, bemerken.

Deine Füße werden nicht mehr kalt sein und die Energie in dir wird wieder zu fließen beginnen.

Noch bevor ich mich intensiv mit Meditation beschäftigt habe und noch bevor ich dieses Erwachenserlebnis vor einigen Jahren hatte, schenkte mir meine hellfühlende Mutter ein altes Qi Gong Buch.

Ich möchte auch dir empfehlen, Qi Gong Bücher zu lesen, insbesondere solche, die schon sehr alt sind und ihr Wissen unverfälscht in sich tragen.

Schaue also ins Antiquariat und suche vornehmlich nach alten Büchern, mit alten Weisheiten, die noch nicht so kommerzialisiert, geschweige denn durch das Internet beeinflusst sind und die näher an der Quelle allen Seins sind, als viele heutige Schriften.

> Die Qi Gong- und Meditationspraxis trägt eine für die westliche Welt oft unvorstellbare Heilungsenergie in sich und wenn du sie regelmäßig anwendest, kann sie dir ungeahnt helfen.

Bei meiner eigenen Qi Gong Meditationspraxis war es so, dass ich sehr schnell körperliche Veränderungen an mir bemerkt habe und auch Heilungsreaktionen, zum Beispiel Kribbeln am ganzen Körper oder auch andere Hautreaktionen.

Bitte achte unbedingt darauf, dass du deine Übungszeiten reduzierst, wenn du feststellst, dass sich etwas für dich nicht gut anfühlt!

Je nachdem, wie weit du bereits auf deinem spirituellen Weg gegangen bist, kann die Wirkung von Meditationen unterschiedlich (schwach bis sehr stark) ausfallen.

Deshalb ist es besonders wichtig, dass du auf dich selbst und deine Innere Stimme hörst und deshalb werde ich hier auch keine Zeitangaben vorgeben, wie lange du meditieren solltest, denn es gibt kein »sollen«, es gibt nur deine Seele und deine Innere Stimme und die sagen dir, wann es genug ist.

> Du darfst in der Meditation alles nur in Maßen tun, so wie es dir guttut.

Jedes Mittel kann positiv oder auch negativ wirken.

Bitte höre immer in dich hinein und schaue, was dir guttut.

Du bist immer dein eigener Heiler und du wirst genau wissen, was dir guttut.

Immer, wenn sich etwas in der Meditation nicht gut anfühlt, lasse es!

Immer, wenn du keinen Ausweg mehr siehst, fühle in dich hinein!

Immer, wenn es nicht mehr weiter geht, gibt es dennoch ein Licht in dir, was dir helfen wird, deinen Weg zu finden!

Verzweifle nicht.

Und noch etwas möchte ich dir sagen. Du gehst immer auf deinem eigenen Weg und du trägst in dir dein eigenes Heilungsprogramm.

Bitte gib diese Verantwortung nicht an irgendjemanden ab, der vorgibt, sich auszukennen. Mag sein, dass derjenige eine Ausbildung in diesem oder jenem Fachgebiet absolviert hat. Mag sein, dass er vorgibt, dass er dir helfen kann, mag alles sein.

> Doch du selbst bist dein einziger Heiler.

Du selbst trägst alles in dir, was du benötigst um gesund zu werden oder um gesund zu bleiben.

Das Wichtigste ist also, dass du die Verantwortung für dich und deinen Körper und deine Seele immer bei dir behältst!

Du selbst kannst alle Fragen, die dich beschäftigen, mit in deine Meditationssession nehmen und du wirst dort die Antworten erfahren, die du brauchst, um wieder gesund zu werden.

Du selbst hast es in der Hand und nur du selbst kannst wissen, was dir wirklich gut tut.

Wenn andere Menschen gerne in die Sonne gehen und es ihnen guttut, muss es bei dir ja nicht genauso sein.

Wenn andere Menschen mit Yoga gute Erfahrungen gemacht haben, dann muss das bei dir nicht auch so sein. Probiere es aus und schau, wie du dich fühlst.

> Wenn andere Menschen andere Heilungswege gehen, geh DU deinen eigenen.

Das wünsche ich dir.

Um sich selbst wieder in Balance zu bringen, musst du dich selbst wahrnehmen.

Manchmal fragt man sich, was mit einem passiert ist, wie etwas geschehen konnte, ohne dass man es so wahrgenommen hat.

Man hat sich selbst zu sehr aus den Augen verloren und man hat seinen Fokus auf etwas anderes gelegt. Das ist auch gut so, aber jetzt solltest du dich erst einmal wieder um dich selbst kümmern.

Aufforderungen zur Selbstliebe

> Mache nur noch Dinge, die sich gut für dich anfühlen. Verbringe deine Zeit mit Menschen, die du magst und mit Tätigkeiten, die deine Seele klingen lassen.

Wenn du das, was du tust nicht liebst, dann hinterfrage es und suche nach einem Ausweg aus dieser Situation.

Zum Abschluss dieses Buches möchte ich dir nun noch ein paar wichtige Anhaltspunkte zum Thema Selbstliebe mitgeben, die dich auf deinem Meditationsweg unterstützen können.

> Denn ein Weg, den du in und mit der Meditation gehst, bedeutet, seinen eigenen Lebensweg in Selbstliebe zu finden sowie seinen inneren und äußeren Frieden tatsächlich zu leben.

1. Pflege dich ausreichend, geh zum Zahnarzt, zum Friseur, zum Bewegungsprogramm.
2. Lies erbauende Bücher, die deine Seele mag.
3. Hüte dich vor der ständigen Medienflut und der unkontrollierten Beeinflussung deines Geistes durch andere.
4. Kaufe nur Dinge, die du magst und die du ethisch vertreten kannst.
5. Iss, was dir guttut und was du ebenfalls ethisch vertreten kannst.
6. Beschäftige dich mit deiner Umwelt und engagiere dich für andere Wesen.
7. Setze dich für jene ein, die der Hilfe bedürfen und denen du helfen möchtest.

8. Vertritt klar deinen Standpunkt, auch wenn das bedeutet, dass du Konflikte nicht vollständig vermeiden kannst.
9. Hüte dich vor sinnlosen zwischenmenschlichen Auseinandersetzungen, die sich durch deine Seele fressen würden und dich traurig stimmen.
10. Lass alle Dinge los, die dich selbst nicht mehr schützen, die deine Seele belasten und die dich unglücklich und traurig machen.
11. Pflege Freundschaften mit Menschen, die so sind, wie du dir einen Freund oder eine Freundin vorstellst.
12. Löse dich von allen Dingen und Menschen, die deinen ethischen Kriterien nicht entsprechen, auch wenn du mit diesen Menschen verwandt sein solltest.
13. Gib deiner Seele Raum für ihre Entwicklung und ihrer Weiterbildung so oft du kannst.
14. Halte dich fern vor jeglicher Form des Extremismus, sei es beim Essen, bei deinen Gedanken oder in jeglichem Tun.
15. Übe dich in Toleranz zu allem, was lebt und leben will und akzeptiere jedes Leben, jede Schöpfung in Frieden und in Harmonie.
16. Vermeide jeden Streit und wenn dies nicht geht, dann fühle dich nicht schlecht, wenn du für dich selbst und deine Rechte eingetreten bist.
17. Halte Abstand zu all jenen, die ausschließlich ihrem Ego frönen, denn das Ego von anderen Menschen und manchmal auch dein eigenes Ego bringen dich nur von deinem Herzensweg ab.
18. Umgib dich mit Frohsinn und mit Freude: kaufe dir selbst Blumen, hülle dich in schöne Gewänder und gib dich nicht mit dem erstbesten Kram zufrieden.
19. Signalisiere dem Universum genau das, was du wirklich möchtest in deinem Leben und genau das wirst du erhalten.

20. Suche dir Vorbilder, denen du dein Vertrauen schenkst und die auch dir dein Vertrauen schenken.
21. Schule deinen Blick für die wirklich wichtigen Dinge und gehe achtsam mit allem um, was dir anvertraut wurde.
22. Meditiere regelmäßig, denn das wird deinen Geist heilen und ihn gesund erhalten.
23. Lebe in Frieden mit dir selbst und mit allen anderen Wesen.

Das wünsche ich dir.

With love

Mara Thelling

Von der Autorin sind weiterhin im Spirit-Rainbow-Verlag erschienen:

Mara Thelling

Wahre Liebe kann alles verändern

Liebe – unter ihrem Deckmantel wurden Herzen gebrochen, Morde begangen, Regierungen gestürzt oder gegründet. Die Liebe ist die größte Macht auf dieser Erde, wenn nicht sogar des gesamten Universums, sie ist Begriff und unermesslicher Wert zugleich. Doch was ist wahre Liebe wirklich? Was ist sie für dich und liebst du wahrhaftig? Und ... kann wahre Liebe wirklich alles verändern?

Die Autorin

Mara Thelling ist Autorin, Poetin, Sängerin und Songschreiberin. Nach einer Nahtoderfahrung hat sie ihr Leben komplett verändert. Sie kündigte ihren langjährigen Leitungsjob im Kulturmanagement und widmet sich heute ausschließlich ihren Berufungen, dem Schreiben und der Musik. Diese sind für sie kein herkömmliches »Handwerk«, denn die Worte, Texte und Sounds entspringen direkt aus ihrer Seele und wollen aufgeschrieben werden.
Mehr Informationen zu Mara Thelling und die Downloads zum Buch finden Sie auf der Webseite *www.marathelling.de*.